大学入試 まんが攻略BON!

日本史

[日本史探究]

別冊解答編 無料DL特典つき

3 私大標準レベル

はじめに

　問題集を1冊解けば，日本史の実力がおおいにつく。そのようなことは“夢”かもしれません。そんな短期間で，日本史の実力などつくはずがない，と言われそうです。でも，本書では，その“夢”に少しでも近づけるような問題集をめざしました。

　私は，予備校で30年余日本史を教えてきました。また，『全国大学入試問題正解　日本史』（旺文社）の解答執筆を担当して20年余になります。この間に身につけた入試問題分析や受験勉強のノウハウなどを，この問題集に十分に生かすことができたと思っています。

　どの科目もそうですが，暗記という作業は不可欠です。しかし，暗記中心で標準レベル以上の大学入試を突破することは，かなり困難です。入試問題には，工夫された良問がかなりあります。そうした問題を解くためには出来事の意味や背景をとらえたり，歴史の流れを正しく把握したりする必要があります。

　本書は，①政治史だけでなく，外交・経済・社会など幅広い分野から問題を厳選しました。文化史も出来る限り採用しました。②近現代史の頻度が年々高くなっているので，とくに近現代史の問題にスペースを割きました。③一問一答式の単純な問題よりも，考えさせたり，資料（史料）を読みとったりするような問題を採用しました。従って，正誤問題や史料問題が多く入っています。そのため，やや質の高い標準問題集になりました。

　この問題集によって実力が向上し，志望大学に合格されますことを願ってやみません。

藤野雅己

著者紹介：**藤野雅己**（ふじのまさみ）

　複数の大手予備校で長く日本史の受験指導をしてきた。前河合塾講師。『全国大学入試問題正解　日本史』（旺文社）の解答執筆者。

本シリーズの特長と本書の使い方

1. 自分のレベルに合った問題を短期間で学習できる！

大学の難易度別の問題集シリーズです。大学入試を知り尽くした著者が，過去の大学入試から問題を厳選し，レベルに最適な解説を執筆しました。自分にぴったりな問題と解説で理解が深まり，知識が定着します。

2. 志望大学のレベルに合った実力がつく『③私大標準レベル』！

標準レベルの私立大学群の過去問題を精選しました。実戦的な解説に特化し，志望校合格のために必要な内容（問題内の「クエスチョン　ここに注意!!」，解説内の「私大標準よく出るポイント」）なども整理して掲載しています。該当レベルの大学群の入試を突破するために必須の知識がつきます。

3. 学習効率重視の構成！

問題を時代順に並べ，歴史の流れをつかみやすくしました。1テーマにつき，問題2または4ページ（本冊）＋解答解説2ページ（別冊）で使いやすい構成です。

4.「入試傾向と学習アドバイス」も掲載！

6・7ページに，「入試傾向と学習アドバイス」として，目指す大学の入試問題の特徴と学習ポイントをまとめました。

目　次

本書で使用している入試問題は，原典の様式を尊重して掲載していますが，一部の問題のみを抜き出す，解答を補うなどの改題を適宜行っています。文章を大幅に変えるなどの改変があったものについては「改」と入れています。また編集上の都合により，設問文や問題番号などは，本書内で統一している箇所もあります。

装丁デザイン：ライトパブリシティ　　本文デザイン：イイタカデザイン

本文イラスト：株式会社さくら工芸社

編集協力：株式会社オルタナプロ（野澤光弘）　　校閲：株式会社友人社　　編集：岡﨑有里

入試傾向と学習アドバイス

①政治史中心の問題

　入試問題の多くは政治史中心である。それに外交史や経済史などが組み合わされて出題される。駒沢大，専修大，日本大，近畿大などほとんどの大学に当てはまる。**政治史中心の標準レベルの問題は，教科書学習で十分得点できる。**しかし，「教科書の内容で解答できる」「教科書の徹底的な理解が重要」といっても，そう簡単ではない。教科書学習とは，単に知識の量だけではない。教科書に書いてある順番通りに覚えることでもない。教科書の精読はもちろん，事項と事項を関連づけたり，事件や政策の背景や原因を考えたり，政治と経済を自分で結びつけたりして学習することである。さらに，脚注や図版などの記述まで読み込まなくてはならない。

②近現代史…成蹊大，東京女子大，獨協大など

　多くの大学は，全時代をバランスよく出題しているが，成蹊大，東京女子大，獨協大，大阪学院大などは，比較的近現代史の分野の出題が多い傾向にある。ここに名前を挙げなかった大学でも，必ずと言ってよいほど近現代史は出題される。近現代史は内容が難しいので，他の時代よりも学習が大変である。従って，近現代史対策は十分にしなければならない。さらに上位レベルの大学では，もっと近現代史の出題の頻度が高くなるので，**近現代の学習は最重要課題である。**

③正誤判定問題…専修大，東洋大，日本大など

　標準レベルの大学で，正誤判定問題を出題しない大学はない。とくに東洋大は非常に多く出題する大学である。次いで，専修大，日本大，南山大，京都産業大などが多い。これらの大学も含めて正誤判定問題の出来・不出来が合否を左右しかねない。攻略のためには，歴史事項の正確な理解が第一，そして修飾句の検討，文章が正しくても時代が間違っているなど「条件設定」の検討などが必要である。過去問などで**正誤判定問題を沢山解くことが合格への近道**である。

④文化史…明治学院大など

　文化史は積極的に出題する大学としない大学があるので，過去問を調べる必要がある。多くの大学は出題しているが，とくに明治学院大は2題も出題した年度がある。文化史も政治史などと同様に，通常の通史の学習でカバーできる。しかし，受験生の多くは学習をあとまわしにするので，対策が遅れる傾向にある。文化史は流れがなく，項目が非常に多いので，学習しにくいが，それだけに**早くから準備しなければいけない分野**である。

⑤史料問題…日本女子大，東京女子大，近畿大など

　史料問題は出題する大学としない大学があるので，過去問を調べて対策をとるべきである。日本女子大は未見の史料を出題したり，4題すべて史料問題の年度もある。その他にも東京女子大では頻出，近畿大は必ず出題。対策は，教科書や史料集に掲載されている史料は必ずチェック。次に，問題を解く際に，何の史料かがわからないとダメである。史料の中または設問に必ずヒントが隠されているので，それを見つけること。そのためには，多くの歴史用語を理解し，身につけておかねばならない。あとは，**史料問題を沢山解いて「経験」を積む**ことである。

⑥論述問題…東北福祉大，聖心女子大，南山大など

　標準レベルの大学で，短い論述を出題するのは複数の大学がある。それぞれ30字から50字程度である。教科書を読みながら，自分なりの答案を作成しないと実力はつかない。**実際に書いてみることが大事**。

⑦記号よりも記述式…成城大，東京女子大，広島修道大など

　記述式が多い大学は誤字対策が必要である。**誤字は得点にならない**。

⑧過去問は必ずチェックする

　標準レベルの大学では，同じ事項がくり返し**出題される**傾向がある。過去問は3年から5年程度はチェックしたい。

1 旧石器時代～弥生時代

1 次のA～Cの文章を読んで，各設問に答えよ。 (専修大，南山大，東洋大)

A. 更新世の人類は石を打ち欠いた a打製石器を用い，狩猟・採集をおこないながら生活をしていた。狩猟では打製石器を棒の先端にとりつけた石槍などを用いて，ナウマンゾウやオオツノジカなどの大型動物を捕えていた。

□ **問1** 下線部aの打製石器のうち，ナイフ形石器はどれか。最も適切なものを，次の⑦～⑤のうちから選べ。

⑦　　　　　　　⑦　　　　⑨　　　　　　⑤

B. 縄文時代には，日本列島各地で，b縄文土器が作られ，貝塚が残された。集落は，少人数の家族の住まいといわれる竪穴住居で構成され，それらが数軒集まって，社会の単位となっていたようである。また，c当時の社会の様子は，墓のあり方にみることができる。さらに，より広域の集団間の関係も，(A)産の(B)の分布などからわかる。

□ **問2** 下線部bについて述べた文として，正しいものを，次の⑦～⑤から選べ。
　　⑦　主に深鉢形の土器が作られた。　　　⑦　ろくろを使って形が整えられた。
　　⑨　土器の表面には釉薬が掛けられた。　⑤　土器の焼成には窯が使われた。

□ **問3** 下線部cについて述べた文として，正しいものを，次の⑦～⑤から選べ。
　　⑦　大型の墳丘をもつ墓に葬られた人物は，集団のリーダーであったと考えられる。
　　⑦　溝で四方が囲まれた墓から，死者のケガレが恐れられていたと考えられる。
　　⑨　抜歯の施された人骨から，成人になるための通過儀礼などによって，集団の秩序が維持されていたと考えられる。
　　⑤　矢じりが刺さった人骨や，首のない人骨が多数見つかっていることから，狩猟採集の領域をめぐって争いが頻発していたと考えられる。

□ **問4** 空欄(A)および(B)に入る語の組合わせとして，正しいものを，次の⑦～⑤から選べ。
　　⑦　A―神津島　B―ひすい　　　⑦　A―白滝　B―アスファルト
　　⑨　A―姫川　B―サヌカイト　　⑤　A―和田峠　B―黒曜石

C．縄文時代が終わり，d稲作を基盤とした弥生文化が成立すると，社会は大きく変容した。e農耕のための新たな道具が出現し，生産性が向上すると，余剰生産物などをめぐる争いが起こり始めた。f防御的な施設をもつ集落跡の存在が，そのことを示している。

□ **問５** 下線部dについて述べた文として，**誤っているもの**を，次の⑦〜㋑から選べ。

　　⑦　縄文時代と比べて，集落が大規模化した。

　　④　大量の副葬品をもつ墓が造られた。

　　⑦　乾田から湿田へと転換し，多くの労働力が必要になった。

　　㋑　青銅製の祭器を用いた収穫祈願の祭などがおこなわれた。

□ **問６** 下線部eについて，これに該当するものを，次の⑦〜㋑から選べ。

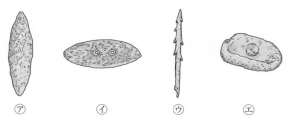

　　⑦　　　　　　　④　　　　　　　⑦　　　　　　　㋑

□ **問７** 下線部fに関して述べた次の文X・Yについて，その正誤の組合わせとして，正しいものを，次の⑦〜㋑から選べ。

　　X．福岡県板付遺跡は，大きな濠に囲まれた環濠集落である。

　　Y．高地性集落である静岡県登呂遺跡では，敵の襲来を知らせるためののろしの跡が見つかっている。

　　⑦　X―正　Y―正　　　④　X―正　Y―誤

　　⑦　X―誤　Y―正　　　㋑　X―誤　Y―誤

□ **問８** 縄文文化と弥生文化について述べた文として，最も適切なものを，次の⑦〜㋺から選べ。

　　⑦　縄文土器は深鉢形が主で，食料は石皿に盛りつけ，石匙を用いて食事をしていたが，弥生土器には盛りつけ用の高杯（坏）など，さまざまな形の器が出現した。

　　④　縄文文化では道具は主に打製石器を用いており，弥生文化になって磨製石器が用いられるようになった。

　　⑦　縄文文化では増加する小型動物を射とめる狩猟具の弓矢が発明されたが，弥生文化では戦いには青銅製の銅剣・銅矛・銅戈が用いられた。

　　㋑　縄文文化では葬法は体を強く折り曲げて葬る屈葬が一般的であったが，弥生文化では土壙墓・木棺墓・箱式石棺墓などに伸展葬したものが多い。

　　㋺　縄文文化が今日の日本列島全域におよんだのに対して，弥生文化は温暖な南西諸島にはおよんだが，寒冷な北海道にはおよばず，北海道では「続縄文文化」が続いた。

2　次の文章を読んで，各問に答えよ。　　　　　　　　　　　（専修大）

　弥生時代になると，本格的に_a水田耕作が始まった。近年の研究成果として，従来の見解よりも短期間に水田稲作農耕が伝播・展開したことがわかってきた。例えば，_b前期にはすでに青森県にまで水田が経営されている。やがて鉄器の普及によって農地は飛躍的に拡大し，人口や集落は大きく増加した。集団間の階層的格差が増大していき，余剰生産物等をめぐる争いも起こるようになった。

　このため，防御用の_c環濠集落や丘陵上の（　ア　）が営まれた。また，吉野ヶ里遺跡では墳丘墓に埋葬された有力集団が認められる。これらの有力集団の中から地域を統率する首長があらわれ，他の集団を支配するようになり，「クニ」とよばれる小国が形成された。須玖岡本遺跡で発見された弥生時代中期の（　イ　）には青銅製の剣・矛・戈などの武器類とともに約30面の_d中国の銅鏡が副葬されており，小国の首長が埋葬されたと考えられる。弥生時代後期には大きな墳丘の中央に首長を埋葬する墳墓があらわれ，これがさらに巨大化し，古墳時代の前方後円墳へと発展する。

□ **問1**　下線部aの弥生時代における水稲耕作について述べた文として最も適切なものを，次の①〜④のうちから一つ選べ。
　　① 　水田は水路を備えた一辺100mをこえる大区画のものが主体を占めていた。
　　② 　農耕に用いられた磨製石器には，同時代の朝鮮半島のものと類似するものがある。
　　③ 　木製農具の製作には，はじめは石器が用いられたが，後期になると青銅器がおもに使用されるようになった。
　　④ 　農耕生産の安定を願う祭りには，鉄製祭器が多く用いられた。

□ **問2**　下線部bに関して，弥生時代前期に水田が営まれた青森県の遺跡として，最も適切なものを，次の①〜④のうちから一つ選べ。
　　① 　砂沢遺跡　　② 　南小泉遺跡　　③ 　大塚遺跡　　④ 　垂柳遺跡

□ **問3**　下線部cに関して，大阪府所在の大環濠集落として，最も適切なものを，次の①〜④のうちから一つ選べ。
　　① 　池上・曽根遺跡　　② 　唐古・鍵遺跡
　　③ 　妻木晩田遺跡　　④ 　朝日遺跡

□ **問4**　空欄アに入る語句として，最も適切なものを，次の①〜④のうちから一つ選べ。
　　① 　尾根上集落　　② 　高地性集落　　③ 　山頂集落　　④ 　囲郭集落

□ **問5**　空欄イに入る語句として最も適切なものを，次の①〜④のうちから一つ選べ。
　　① 　支石墓　　② 　甕棺墓　　③ 　木棺墓　　④ 　土壙墓

□ **問6**　下線部dの中国の銅鏡はいつの時代のものが主体を占めるか。最も適切なものを，次の①〜④のうちから一つ選べ。
　　① 　前漢　　② 　後漢　　③ 　魏　　④ 　西晋

3 次の史料を読み，下記の問いに答えよ（史料は原文の表記を一部変更している）。

（東洋大，明治学院大，南山大）

A．建武中元二年，ₐ倭の奴国，貢を奉じて朝賀す。使人自ら大夫と称す。倭国の
　極南界なり。（　b　），賜ふに印綬を以てす。（略）桓霊の間，ᵪ倭国大いに乱れ，
　更相攻伐して歴年主なし。

B．其の国，本亦男子を以て王と為す。住まること七，八十年。倭国乱れ，相攻伐
　して年を歴たり。乃ち共に一女子を立てて王と為す。名をᵈ卑弥呼と曰ふ。
　（　e　）を事とし，能く衆を惑はす。

C．夫れ（　f　）海中に倭人有り，分れて百余国と為る。歳時を以て来り献見す
　と云ふ。

□ **問1**　下線部aが所在したと考えられる場所として最も適当なものはどれか。次の
　　　　中から一つ選べ。
　　　　①　奈良市付近　　②　岡山市付近　　③　対馬市付近　　④　福岡市付近

□ **問2**　空欄bに該当する皇帝名として最も適当なものはどれか。次の中から一つ選
　　　　べ。
　　　　①　武帝　　②　煬帝　　③　安帝　　④　光武帝

□ **問3**　下線部cに関連して，高地性集落として最も適切なものを，次の中から一つ
　　　　選べ。
　　　　①　三内丸山遺跡　　②　唐古・鍵遺跡　　③　荒神谷遺跡
　　　　④　紫雲出山遺跡　　⑤　吉野ヶ里遺跡

□ **問4**　下線部dについて，卑弥呼の支配した邪馬台国についての文として最も適当
　　　　なものはどれか。次の中から一つ選べ。
　　　　①　王族に食料などを貢納する民として，名代・子代がいた。
　　　　②　大人や下戸といった身分の違いが生じていた。
　　　　③　入れ墨は，法を犯した者に罰として入れられた。
　　　　④　市が開かれ，一大率の監督のもと，さまざまな物品が交易された。

□ **問5**　下線部dに関して，以下の文章の問に答えよ。
　　　　卑弥呼は239年に中国の皇帝に使者を送り，（　ア　）の称号と多数の銅鏡な
　　　どを与えられ，その権威を背景に国内をおさめた。
　　　　卑弥呼の死後，男王がたったが内乱がおこり，卑弥呼の一族の女性（　イ　）
　　　が王となると乱はおさまった。266年に西晋の都である（　ウ　）に使者を送っ
　　　た倭の女王は，（　イ　）ではないかといわれている。
　　　　ア　空欄アに当てはまる称号を漢字4字で答えよ。
　　　　イ　空欄イに当てはまる女王は誰か答えよ。
　　　　ウ　空欄ウに当てはまる地名を答えよ。

□ **問6**　空欄eに該当する語句を漢字2字で答えよ。

□ **問7**　空欄fに該当する語句を漢字2字で答えよ。

2 古墳時代

1 次の文章を読み，文中の空欄に当てはまる語句を記入し，下記の設問に答えよ。

（甲南大，専修大）

　3世紀後半ころに前方後円墳という特殊な形態の墳墓が生み出され，各地で巨大な首長墓が営まれる古墳時代を迎える。出現期の前方後円墳で最大のものは奈良県桜井市の（　A　）古墳である。その墳丘は全長約280メートルあり，ヤマト政権成立期の大王墓であると考えられている。

　古墳時代は前期・中期・後期の3期に区分され，₁埋葬施設や副葬品，および古墳の外部に置かれた埴輪にも，時期による違いが見られる。

　副葬品には銘文が記されたものもあり，『古事記』や『日本書紀』とともに，貴重な史料である。稲荷山古墳出土の鉄剣には，「獲加多支鹵大王」が「斯鬼宮」で天下を治めていた時に「乎獲居臣」が杖刀人の首として仕えたとの銘文がある。また熊本県の（　B　）古墳から出土した大刀の銘文にもワカタケル大王と考えられる名前が見えている。また稲荷山古墳の鉄剣銘にヲワケ臣一族の系譜が記されていることから，大王の系譜である『（　C　）』の成立も古くに遡ると考えられる。また松江市の岡田山古墳（一号墳）から出土した大刀には₂「各田卩臣」という銘文が確認されている。₃銘文の記された遺物はこの他にもあり，ヤマト政権の政治制度を考える手掛かりとなっている。

　6世紀になると，日本列島の各地では，一定の領域に数多くの小型の古墳が営まれるようになる。このように小さな古墳がまとまって営まれているものは一般に（　D　）と呼ばれており，その代表的なものに新沢千塚や岩橋千塚がある。

□ **問1**　文中の下線部1について，古墳時代の埋葬施設や副葬品について説明した文章として正しいものを下記の選択肢から一つ選べ。
　　あ　前方後円墳の埋葬施設は，主として前方部に設けられた。
　　い　前期の埋葬施設は竪穴式石室であり，中期になると横穴式石室へと変化する。
　　う　前期の副葬品には短甲・馬具が多いが，中期になるとあまり見られなくなる。
　　え　前期の副葬品には，三角縁神獣鏡に代表される銅鏡が多く見られる。
□ **問2**　文中の下線部2について，「各田卩臣」という銘文から読み取ることができるヤマト政権の制度を下記の選択肢から一つ選べ。
　　あ　采女の制度　　い　氏姓の制度　　う　屯倉の制度　　え　国造の制度
□ **問3**　文中の下線部3について，「意柴沙加宮」などの銘文がある人物画像鏡を伝える神社を下記の選択肢から一つ選べ。
　　あ　石清水八幡宮　　い　石上神宮　　う　隅田八幡宮　　え　鹿島神宮

□ **問4** 装飾古墳が九州などの後期古墳に認められるが，最も適切なものを下記の選択肢から一つ選べ。

あ　五色塚古墳　　い　太田天神山古墳　　う　竹原古墳　　え　石塚山古墳

2 **次の史料を読み，下記の問いに答えよ（史料は原文の表記を一部変更している）。**

（東洋大，近畿大／改）

興死して弟a武立つ。自ら使持節都督倭・b百済・新羅・任那・加羅・秦韓・慕韓七国諸軍事安東大将軍倭国王と称す。順帝の昇明二年，使を遣わして上表して曰く，「封国は偏遠にして，藩を外に作す。c昔より，祖禰，躬ら甲冑を擐き，山川を跋渉して寧処に遑あらず。東は毛人を征すること五十五国，西は衆夷を服すること六十六国，渡りて海北を平ぐること九十五国‥‥」と。

□ **問1** 下線部aについて述べた文として，最も適切なものを選べ。

① 武に先立って，讃・珍・済・興と記された倭王があいついで中国の北朝に朝貢したのは，朝鮮半島南部をめぐる外交・軍事上の立場を有利にするためである。

② 武が遣使した時期には，群集墳と呼ばれる小古墳が，山間や小島にまで数多く形成されるようになった。

③ 武が遣使した時代の人々にとって大切な農耕祭祀には，豊作を祈る春の新嘗の祭や収穫を感謝する秋の祈年の祭があった。

④ 武が遣使した時期から200年ほど経た後には，近畿の大王の墓は八角墳となる。これは一般の豪族層を超越した存在としての大王のあり方が示されたものと考えられている。

□ **問2** 下線部bの国々についての文として**誤りを含んでいる**ものを選べ。

① 百済は日本海に面した国で，4世紀の初めに楽浪郡を滅ぼし朝鮮半島北部を領有した。

② 新羅は辰韓から起こった国で，のちに朝鮮半島をほぼ統一した。

③ 加羅は朝鮮半島南部の加耶諸国のことで，4〜6世紀になっても小国の分立状態が続いた。

④ 『日本書紀』では加耶諸国のことを「任那」とよんでいる。

□ **問3** 下線部cに関連して，このころの倭国についての文として最も適当なものを選べ。

① 近畿地方では大規模な前方後円墳が造営されており，とくに奈良県の誉田御廟山古墳や大仙陵古墳は墳丘の長さが400mを超える大王墓であった。

② 埼玉県の稲荷山古墳から出土した鉄剣の銘文に，雄略天皇と考えられる大王名とともに，その統治をたすけた豪族の名が見える。

③ 百済の好太王碑の碑文には，倭国が百済と交戦したことが記されている。

④ 熊本県の江田船山古墳から出土した七支刀の銘文から，倭国と百済が通交していたことがわかる。

3 飛鳥時代

1 次の各問に答えよ。 （東洋大）

　日本の古代国家は律令国家として完成する。その端緒として，7世紀前半の推古朝に大臣（　A　）や厩戸王が国家組織の形成を進め，ₐ豪族を国家の官僚として再編成しようとし，また仏教を中心とした新しい文化をつくり上げたことは重要である。7世紀半ばに充実した国家体制を整えた唐が朝鮮三国の争乱に介入すると，国際的緊張の中でわが国も中央集権体制の確立が急務になり，乙巳の変後の孝徳朝の改革や白村江の戦い・壬申の乱など，国内外の激動を経て，7世紀末のᵦ天武・持統朝頃に中央集権的律令国家の形成が進むことになる。701年には大宝律令が完成し，ᵧ律令制度による政治の仕組みがほぼ整った。

☐ **問1**　空欄（　A　）に入る語句として最も適切なものを，次の中から一つ選べ。
　① 蘇我稲目　　② 蘇我蝦夷　　　　③ 蘇我入鹿
　④ 蘇我馬子　　⑤ 蘇我倉山田石川麻呂

☐ **問2**　下線部aについて述べた文として最も適切なものを，次の中から一つ選べ。
　① 冠位十二階は最上位から順に徳・仁・義・礼・智・信の6階を大小に分けて12階としたもので，個人に対して冠位を与えることで，氏族単位の王権組織を再編成しようとした。
　② 憲法十七条の第一条には「篤く三宝を敬へ」とあり，仏教を新しい政治理念として重んじ，豪族たちに国家の官僚としての自覚を求めるものであった。
　③ 寺院の建立は古墳にかわって豪族の権威を示すものとなり，飛鳥寺の発掘調査では，塔の心礎から古墳の副葬品と同様の品が出土し，在来の信仰と習合する形で仏教が導入されたことがうかがえる。
　④ 仏師としては鞍作鳥（止利仏師）が有名で，金銅製の法隆寺金堂釈迦三尊像のように，やわらかな表情のある造像様式を受容している。
　⑤ 遣隋使に同行した留学生・学問僧のうち，僧旻は暦法を，高向玄理は彩色・紙・墨の技法を伝えたといい，さまざまな学芸・技術の移入がはかられた。

☐ **問3**　下線部bに関して述べた文として最も適切なものを，次の中から一つ選べ。
　① 天武天皇は即位前の名前を大海人皇子といい，壬申の乱で近江朝廷側についた有力豪族が没落し，強力な権力を手にして中央集権的な国家体制の形成を推進した。
　② 持統天皇は天武天皇の諸政策を引き継ぎ，飛鳥浄御原令を施行し，最初の戸籍である庚午年籍を作成して，民衆の把握を進めた。
　③ 天武天皇は白村江の敗戦を受けて防衛政策を推進し，辺要地に防人や烽をおき，九州から瀬戸内海を経て飛鳥の都に至るまで朝鮮式山城による一大防衛網を築き上げた。
　④ 持統天皇は八色の姓を定めて豪族たちを天皇を中心とした新しい身分秩序

に編成し，飛鳥から本格的な宮都である藤原京に遷都した。

⑤　天武・持統朝を中心とする文化を白鳳文化といい，地方豪族も競って寺院を建立したので，仏教文化はさらに進展したが，天皇家による寺院建立はまだおこなわれなかった。

□ **問4**　下線部cに関して述べた文として最も適切なものを，次の中から一つ選べ。

①　中央組織は太政官と神祇官からなり，それぞれの下に省と呼ばれる役所が所属して政務を分担した。

②　地方組織としては国・郡・里がおかれ，国司には中央から貴族が派遣され，郡司には伝統的な地方豪族が任じられた。

③　調は各地の特産品を中央におさめるもので，おもに成人男性に課せられ，京・畿内からは進上されなかった。

④　6年ごとに作成される戸籍に基づいて6歳以上の男子に一定額の口分田が与えられ，生計を保障した上で，調などの租税を徴収する仕組みであった。

⑤　兵役は成人男性3～4人に1人の割で兵士が徴発され，兵士は武器や食料を支給されて，諸国の軍団で訓練を受けた。

2　**次の問いに答えよ。**　（東洋大）

　律令国家は，戸を単位として口分田を班給するとともに，租税を徴収した。次の一覧表は，8世紀初めの架空の戸であり，男女とも全て良民である。この戸における口分田や租税についてまとめた下記の文章について，空欄（　ア　）～（　ウ　）に入る語句の組み合わせとして最も適切なものを，次の中から一つ選べ。ただし，地積（広さ）の当時の単位は次のとおりであることに留意すること。

［1町＝10段，1段＝360歩］

戸主　加羅麻呂（男・44歳）	戸主の妻　須豆売（女・45歳）
古麻呂（男・64歳〈戸主の父〉）	矢麻売（女・37歳〈戸主の妹〉）
吉麻呂（男・25歳〈戸主の息子〉）	加藻売（女・20歳〈吉麻呂の妻〉）
男麻呂（男・21歳〈戸主の息子〉）	小麻呂（男・19歳〈戸主の息子〉）
亜夜売（女・17歳〈矢麻売の娘〉）	摩周麻呂（男・6歳〈矢麻売の息子〉）
大宮売（女・5歳〈吉麻呂の娘〉）	古呂麻呂（男・1歳〈吉麻呂の息子〉）

　この年は，班田収授が実施される班年で，この戸が班給された口分田の総量は，（　ア　）となった。また，庸を負担するのは（　イ　）で，雑徭は，最大（　ウ　）分の負担をしなければならない。

①　ア：1町8段240歩　　イ：5人　　ウ：225日
②　ア：1町7段120歩　　イ：4人　　ウ：225日
③　ア：1町8段240歩　　イ：5人　　ウ：210日
④　ア：1町7段120歩　　イ：4人　　ウ：210日
⑤　ア：1町8段240歩　　イ：3人　　ウ：180日

4 奈良時代

1 次の各問に答えよ（史料は一部省略したり，書き替えたところがある）。

（愛知大）

（田令）
- およそ田は，長さ三十歩，広さ十二歩を段とせよ。十段を町とせよ。段の（　ア　），町の租稲二十二束。
- およそ口分田給はむことは，男に二段。(a) 女は三分が一減ぜよ。五年以下には給はず。

（賦役令）
- およそ(b) 正丁の歳役は十日。もし庸収るべくは，布二丈六尺。

（軍防令）
- およそ兵士の上番せむは，京に向はむは一年，防に向はむは三年，行程を計えず。
- およそ兵士の京に向ふをば，（　イ　）と名づく。（中略）辺守るをば，（　ウ　）と名づく。

□ **問1**　空欄（　ア　）に入る語句として適切なものを一つ選べ。
　① 租稲二百二束　　② 出挙稲二百二束
　③ 租稲二束二把　　④ 出挙稲二束二把

□ **問2**　下線部（a）の説明として適切なものを一つ選べ。
　① 女性には男性の3分の1の面積の口分田が班給される。5年間，戸籍に記された場所に居住しなかった者には，次回は口分田が班給されない。
　② 女性には男性の3分の1の面積の口分田が班給される。5歳以下には，口分田が班給されない。
　③ 女性には男性の3分の2の面積の口分田が班給される。5年間，戸籍に記された場所に居住しなかった者には，次回は口分田が班給されない。
　④ 女性には男性の3分の2の面積の口分田が班給される。5歳以下には，口分田が班給されない。

□ **問3**　下線部（b）の説明として適切なものを一つ選べ。
　① 正丁には，都での労役10日が課される。また，その替わりに，庸として布2丈6尺が課されることがある。
　② 正丁には，都での労役10日が課される。また，さらに加えて，庸として布2丈6尺が課される。
　③ 正丁には，国衙での労役10日が課される。また，その替わりに，庸として布2丈6尺が課されることがある。
　④ 正丁には，国衙での労役10日が課される。また，さらに加えて，庸として布2丈6尺が課される。

□ 問4 空欄（ イ ）（ ウ ）に入る語句の組合せとして適切なものを一つ選べ。
　　① イ. 近衛　ウ. 兵衛　　② イ. 兵衛　ウ. 近衛
　　③ イ. 衛士　ウ. 防人　　④ イ. 防人　ウ. 衛士

□ 問5 律令に関して述べた次の文a〜dについて，正しいものの組合せを一つ選べ。
　　a 律は刑罰を定めたもので，令は行政組織や租税制度等を定めたものである。
　　b 律は行政組織や租税制度等を定めたもので，令は刑罰を定めたものである。
　　c 律と令が一緒に日本で編纂されたのは，大宝律令がはじめてである。
　　d 律と令が一緒に日本で編纂されたのは，養老律令がはじめてである。
　　① a・c　　② a・d　　③ b・c　　④ b・d

2 次の各問に答えよ。　　　　　　　　　　　　　　　　　　（西南学院大）

　奈良時代の都であった平城京は唐の都にならって，碁盤の目状に東西・南北で区画される条坊制をもつ都市であった。1) 都を南北に走る通りによって 2) 東の左京と西の右京に分けられ，北部の中央に平城宮が位置した。平城宮には天皇の生活の場，政務・儀礼の場，二官・八省などの官庁が置かれていた。

　左京・右京には官営の市が設けられ，その 3) 監督官庁も置かれた。市では，地方から運ばれた産物，官吏たちに支給された布や糸などの交換が行われていた。4) 和銅元年には新たな貨幣が鋳造され，都の造営に対する支払いなどにも利用された。政府はさらに 5) その通貨の流通を目的として法令を発した。その後も 6) しばしば貨幣の鋳造が行われたものの，その流通は京や畿内などの一部に限られ，地方では稲や布などの物品による交易が広く行われていた。

□ 問1 下線部1）に関して，この都を南北に走る通りを何というか。
□ 問2 下線部2）に関して，左京三条二坊に4町の敷地を占めていた貴族の邸宅がある。この貴族は高市皇子の子で，文武天皇の妹吉備内親王を妻としたが，それは誰か。
□ 問3 下線部3）に関して，官営の市を監督する官庁を何というか。
□ 問4 下線部4）に関して，和銅元年は西暦でいうと何年にあたるか。
□ 問5 下線部5）に関して，和銅4年に発されたこの法令は何か。
□ 問6 下線部6）に関して，村上天皇の治世であった天徳2年に鋳造された貨幣を何というか。
□ 問7 下線部6）に関して，国家による貨幣の鋳造は皇朝十二銭とよばれてきたが，和同開珎以前に鋳造された貨幣が発見されたことで日本古代の通貨は13種類となった。この通貨を何というか。

3 次の文章の空欄に，もっとも適切な語句を記入せよ。　　　　（成城大）

　奈良時代の初めに大きな勢力をもった藤原不比等は，娘の宮子を（ 1 ）天皇の夫人とし，皇室と姻戚関係を結んだ。その間に生まれたのが聖武天皇である。聖武天皇もまた，不比等の娘の光明子を夫人とし，729年，（ 2 ）を謀叛の疑いに

より自殺においやったのちに光明子を皇后に立てた。

　不比等の男子である（　3　）・房前・（　4　）・麻呂の４人も，それぞれ高位・高官にのぼり政権に重きをなした。しかし，737年，流行した天然痘により，４人はあいついで死去した。４人にかわって，右大臣さらに左大臣となり太政官の中心人物となったのは，皇族出身の（　5　）であった。これに対して，（　6　）に少弐として赴任していた広嗣〈（　4　）の子〉が乱をおこしたが，鎮圧された。その後，聖武天皇は，山背の（　7　）京・近江の紫香楽宮・摂津の難波京など，都を転々と移した。国分寺建立の詔や大仏造立の詔が出されたのは，この間のことである。

　聖武天皇は，749年に娘の阿倍内親王に譲位した。孝謙天皇の即位である。太上天皇となった聖武は，756年に死去したが，その翌年に，（　5　）の子である（　8　）らによる反乱計画が発覚し，鎮圧されるという事件がおきた。このころ政界で大きな勢力をもっていたのは，（　3　）の子の（　9　）である。さらにその翌年，孝謙天皇は（　10　）天皇に譲位したが，この天皇は，（　9　）によって擁立されたという性格が強かった。

4　**奈良時代の社会について，次の各問に答えよ。**　　　　　（愛知大，日本大）

　身分制度は，良民と賤民とに分けられ，(a)賤民には，陵戸・官戸・公奴婢・家人・私奴婢の五種類があった。良民の多くは農民であったが，農民には種々の税負担が課せられ生活は困窮した。山上憶良はその貧しい生活や厳しい徴税の姿を描いたいわゆる(b)貧窮問答歌を詠んだ。(c)重い負担は農民の抵抗を招き，さらに，人口増加等によりしだいに口分田は不足していった。そこで，政府は743年に(d)墾田永年私財法を出し，墾田の私有を認めた。

☐　**問1**　下線部（a）について，賤民の説明として適切なものを一つ選べ。
　　①　賤民と良民が結婚することは禁止されていた。
　　②　私奴婢には良民と同じ面積の口分田が与えられた。
　　③　陵戸・官戸・公奴婢・家人は官有の賤民である。
　　④　私奴婢を売買することは禁止されていた。
☐　**問2**　下線部（b）について，この歌がおさめられている歌集を何というか。
　　①　古今和歌集　　　　　②　万葉集　　　　　③　懐風藻　　　　　④　凌雲集
☐　**問3**　下線部（c）について，重い負担に対する農民の抵抗として**誤っているもの**を一つ選べ。
　　①　戸籍に登録された地を離れて他国に浮浪した。
　　②　戸籍の年齢や性別を偽った。
　　③　許可なく僧侶になった。
　　④　一揆を起こした。
☐　**問4**　下線部（d）について，墾田永年私財法の説明として**誤っているもの**を一つ選べ。
　　①　身分により墾田の面積は制限された。

② 開墾には国司の許可が必要であった。

③ 墾田は私有が認められるため，租税を納める必要はなくなった。

④ この法により，貴族・寺院や豪族の私有地拡大が進んだ。

□ **問5** 下線部（d）に関連して，次の史料を読んで問に答えよ。

> 今聞く，墾田は天平十五年の格に縁るに，今より以後は，任に私財と為し，三世一身を論ずること無く，みな悉くに永年取るなかれ，と。(中略) 今より以後は，一切禁断して加墾せしむることなかれ。但し（ A ）は，先来の定地開墾の次は禁ずる限りに在らず。

ア 下線部の「天平十五年の格」を発した時の天皇は誰か。

① 文武天皇 ② 元正天皇 ③ 聖武天皇 ④ 桓武天皇

イ 史料の空欄（ A ）に記入すべき語句として正しいものを一つ選べ。

① 大領 ② 庶人 ③ 貴族 ④ 寺

---

5 **天平文化について，次の各問に答えよ。** （名城大，京都産業大）

□ **問1** 彫刻の技法で，東大寺日光・月光菩薩像にみられる，芯となる木に粘土をかぶせて作る技法は何か。

□ **問2** 称徳天皇が主要寺院に安置させたもので，天平期のすぐれた印刷技術を示すものがある。それは何か。

□ **問3** 正倉院宝庫に収められているラクダに乗る西域の人物が描かれている琵琶は何か。

□ **問4** 東大寺，下野薬師寺と共に戒壇が設置され天下三戒壇と称された寺院を答えよ。

1 室生寺 2 川原寺 3 筑紫観世音寺 4 薬師寺

クエスチョン ここに注意!! 古代1

Q1 漢字の伝来，仏教や儒教の伝来，医・易・暦の学問の伝来はどこから？

→**百済**ルートを通って日本に伝来した。

Q2 『帝紀』（皇室の系譜・皇居の所在）『旧辞』（朝廷の説話・伝承）の編纂は何世紀？

→**5世紀でなく6世紀中頃。7世紀**には『天皇記』・『国記』を編纂。

Q3 律令制において，戸籍は何年経つと破棄されるのか？

→戸籍は**30年**経つと破棄された。ただし，庚午年籍は永久保存。

Q4 庸・調・雑徭のうち，中男（17〜20歳男子）が負担しなくてよい税は何？

→**庸**である。

5 平安時代1

1 以下の系図をみて，設問に答えよ。　　　　　　　　　　　　（成蹊大）

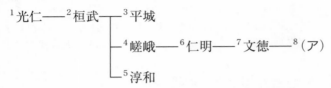

（数字は天皇の即位順を示す）

□ **問1**　系図上の天皇に関する以下の文章で，**誤りを含むもの**はどれか。
　　① 称徳天皇が亡くなると，長く続いた天智系の皇統にかわって天武天皇の孫である光仁天皇が迎えられた。
　　② 桓武天皇の即位とともに弟の早良親王が皇太子とされたが，藤原種継が暗殺されると早良親王は退けられた。
　　③ 嵯峨天皇が即位すると，平城京に再遷都しようとする平城太上天皇と対立し，政治的混乱が生じた。
　　④ 嵯峨天皇と平城太上天皇の対立は，天皇側が勝利し，太上天皇に寵愛された藤原薬子は自殺した。
　　⑤ 藤原冬嗣は嵯峨天皇の厚い信頼を得て藤原北家の勢力を拡大させた。その子の藤原良房は娘の子の（ア）天皇を即位させた。

□ **問2**　系図の（ア）に入るのは次のうちだれか。
　　①　陽成　　②　清和　　③　光孝　　④　醍醐　　⑤　宇多

2 以下の史料を読んで，次の各問に答えよ。　　　　　　（近畿大，日本女子大）

　是の日，中納言近衛大将従三位藤原朝臣内麻呂，殿上に侍す。勅有りて参議右衛士督従四位下（　ア　）と参議左大弁正四位下（　イ　）とをして天下の徳政を相論せしむ。時に（　ア　），議して云く，「方今，天下の苦しむ所は (a)軍事と造作となり。此の両事を停めば百姓安んぜむ」と。（　イ　），異議を確執して肯えて聴かず。(b)帝，（　ア　）の議を善しとし，即ち停廃に従ふ。

　　　　　　　　　　　　　　　　　　　　　　　　　　　　　（『　ウ　』）

□ **問1**　空欄（　ア　）（　イ　）に相当する人物の組み合わせとして最も適当なものはどれか。
　　①　ア＝藤原種継　イ＝菅野真道　　②　ア＝菅野真道　イ＝藤原種継
　　③　ア＝菅野真道　イ＝藤原緒嗣　　④　ア＝藤原緒嗣　イ＝菅野真道

□ **問2**　空欄（　ウ　）に入れる史料名として最も適当なものはどれか。
　　①　日本書紀　　②　続日本紀　　③　日本後紀　　④　続日本後紀

□ **問3**　下線部（a）が示すものとして最も適当なものはどれか。
　　　① 新羅との戦争と大仏の造営　　② 蝦夷との戦争と多賀城の造営
　　　③ 新羅との戦争と大宰府の造営　　④ 蝦夷との戦争と平安京の造営
□ **問4**　下線部（b）の「帝」とは誰か，漢字で答えよ。
□ **問5**　下線部（b）の「帝」が設置した，国司交替の際の事務の引継ぎを監督する
　　　令外官は何か，漢字で答えよ。

3　次の文の空欄に適語を補い，各問に答えよ。　　　　　　　　　（名城大）

　8世紀末の平安京への遷都から9世紀末頃までの文化を，当時の年号をとり，弘
仁・貞観文化と呼ぶ。この頃，仏教では近江出身の最澄が_a天台宗を開き，讃岐出
身の_b空海が真言宗を開くなど，新しい動きがみられた。天台宗・真言宗の広まり
から，密教がさかんになり，密教芸術が発展した。たとえば絵画の分野では，仏教
世界を構図化した（　ア　）が発達する。
　弘仁・貞観文化の頃，有力貴族は子弟のために大学別曹をたて，大学で学ぶため
に便宜をはかった。和気氏の弘文院，藤原氏の（　イ　），橘氏の学館院などがある。
一方，大学などに入ることのできない庶民のための学校として，空海は（　ウ　）
をつくった。

□ **問1**　下線部aについて，この宗派の密教化をすすめ，園城寺に拠って寺門派を形
　　　成したのは誰か。
□ **問2**　下線部bについて，この人物が嵯峨天皇から賜り，京の都での真言宗の根本
　　　道場になった寺はどこか。

4　次の各問に答えよ。　　　　　　　　　　　　　　　　　　　（龍谷大）

　律令国家の東北経営では，8世紀末から9世紀初めに，朝廷は_(a)蝦夷征討の大
軍を送り，蝦夷の族長を屈服させた。その後，803年に志波城がきずかれたが，
_(b)軍事行動はまもなく中断された。
　9世紀前半の（　ア　）天皇の時代，（　イ　）が派遣され，さらに北方の蝦夷を
攻撃した。そして，9世紀後半の秋田付近を最後に蝦夷の抵抗はほぼ終わった。
　しかし，律令国家は蝦夷との戦争で財政の困窮をまねくこととなった。_(c)朝廷は，
農民負担を軽減するとともに，財政の立て直しをはかったが思うように進まなかっ
た。

□ **問1**　下線部（a）に関連して述べた次の文X・Yについて，その正誤の組み合わせ
　　　として，適切なものを次のなかから1つ選べ。
　　　X．阿弖流為は，蝦夷の族長であり，政府軍を破ったこともあった。
　　　Y．坂上田村麻呂は，東北地方の拠点として胆沢城をきずいた。
　　　① X＝正　Y＝正　　　　　② X＝正　Y＝誤
　　　③ X＝誤　Y＝正　　　　　④ X＝誤　Y＝誤

□ **問2** 下線部（b）の前後の時代の出来事（a〜d）を，年代順に古いものから並べるとどうなるか。適切なものを次のなかから1つ選べ。

　　　a. 応天門の変　　b. 長岡京への遷都　　c. 藤原種継暗殺事件　　d. 薬子の変

　　① a→b→c→d　　　　② b→c→a→d　　　　③ c→d→b→a
　　④ a→d→b→c　　　　⑤ b→c→d→a　　　　⑥ c→d→a→d

□ **問3** 空欄（ ア ）（ イ ）にあてはまる語句の組み合わせとして，適切なものを次のなかから1つ選べ。

　　① ア＝嵯峨　イ＝文室綿麻呂　　　② ア＝嵯峨　イ＝大伴家持
　　③ ア＝平城　イ＝文室綿麻呂　　　④ ア＝平城　イ＝大伴家持
　　⑤ ア＝仁明　イ＝文室綿麻呂　　　⑥ ア＝仁明　イ＝大伴家持

□ **問4** 下線部（c）に関連する記述として，適切なものを次のなかから1つ選べ。

　　① 班田の期間を6年1班から10年1班に変更した。
　　② 雑徭の期間を年間60日から20日に減らした。
　　③ 公出挙の利息を利率5割から3割に減らした。
　　④ 健児を採用し，辺要の国も含めすべての軍団と兵士が廃止された。

---

5 次の各問に答えよ。　　　　　　　　　　　　　　　　　　　　　　　（近畿大）

A．藤原（ 1 ）は，嵯峨天皇の信任を得て，（ ア ）の際，天皇の秘書官長として新たに置かれた蔵人頭に任命された。このことが，藤原氏北家が天皇家と親密な関係を結ぶ契機となった。

B．（ イ ）では，皇太子恒貞親王に仕えていた（ 2 ）が，橘逸勢とともに謀反を企てたとして流罪となった。恒貞親王も皇太子を廃され，代わりに皇太子となったのは，藤原（ 3 ）の甥にあたる道康親王（後の文徳天皇）であった。

C．文徳天皇の子である清和天皇が即位すると，外祖父の（ 3 ）は太政大臣として，その即位のはじめから摂政の任をつとめていたとみられるが，（ ウ ）の際に正式に摂政となった。

D．（ 4 ）天皇は，藤原基経を関白に任じたが，その際に阿衡の紛議が発生した。その後，醍醐・村上天皇が親政を行ったが，969年に起きた（ エ ）の後は，ほとんど常に摂政または関白が置かれるようになった。

□ **問1** 空欄（ 1 ）に入れる人名として最も適当なものはどれか。
　　① 仲成　　② 行成　　③ 広嗣　　④ 冬嗣

□ **問2** 空欄（ 2 ）に入れる人名として最も適当なものはどれか。
　　① 伴善男　　② 伴健岑　　③ 源高明　　④ 源満仲

□ **問3** 空欄（ 3 ）に入れる人名として最も適当なものはどれか。
　　① 良房　　② 時平　　③ 実頼　　④ 忠平

□ **問4** 空欄（ 4 ）に入れる天皇名として最も適当なものはどれか。
　　① 光孝　　② 宇多　　③ 朱雀　　④ 冷泉

□ 問5　空欄（　ア　）〜（　エ　）に入れる語句の組み合わせとして最も適当なもの
　　　はどれか。
　　　① 　ア＝承和の変　　イ＝薬子の変　　ウ＝安和の変　　エ＝応天門の変
　　　② 　ア＝承和の変　　イ＝安和の変　　ウ＝薬子の変　　エ＝応天門の変
　　　③ 　ア＝薬子の変　　イ＝安和の変　　ウ＝応天門の変　　エ＝承和の変
　　　④ 　ア＝薬子の変　　イ＝承和の変　　ウ＝応天門の変　　エ＝安和の変

6　次の史料を読み，下の問いに答えよ。　　　　　　　　　　　　　　（近畿大）

　（寛仁二年十月）十六日乙巳，今日，女御藤原威子を以て皇后に立つるの日なり。
（略）a太閤，下官を招き呼びて云く，「和歌を読まむと欲す。必ず和すべし」者。
答へて云く，「何ぞ和し奉らざらむや」。又云ふ，「誇りたる歌になむ有る。但し宿
構に非ず」者。「此の世をば我が世とぞ思ふ望月の　かけたることも無しと思へば」。
余申して云く，「御歌優美なり。酬答に方無し，満座只此の御歌を誦すべし。（略）」
と。　　　　　　　　　　　　　　　　　　　　　　　　　　　（b『小右記』）

□ 問1　下線部aの人物についての文として最も適当なものはどれか。
　　　① 　一条天皇の摂政・関白となり，娘の定子をその中宮とした。
　　　② 　娘の詮子が生んだ子が一条天皇となり，摂政の地位を獲得した。
　　　③ 　甥の伊周と政権を争って勝利し，娘4人を中宮（皇后）や皇太子妃とした。
　　　④ 　三代の天皇の摂政・関白を50年にわたって勤め，宇治関白と呼ばれた。
□ 問2　下線部aの人物が建立した寺院として最も適当なものはどれか。
　　　① 　法成寺　　　　② 　法界寺　　　　③ 　平等院　　　　④ 　醍醐寺
□ 問3　下線部bの筆者として最も適当なものはどれか。
　　　① 　藤原道長　　　② 　藤原実資　　　③ 　三善清行　　　④ 　源高明

　クエスチョン　ここに注意‼　古代2

Q1　条里制と条坊制の違いは？
　　→碁盤目状に土地を区画するのは似ているが，条里制は**班田収授の土地
　　区画の制度**，条坊制は平城京などの**都城の制度**。

Q2　藤原広嗣は式家出身であるが，その他に式家出身には誰がいるか？
　　→**藤原宇合**（式家の祖），**藤原百川**，その子の**緒嗣**，**藤原種継**，その子の
　　薬子など。

Q3　奈良時代と平安時代に雑徭の負担を半減したのは誰と誰か？
　　→**藤原仲麻呂と桓武天皇**。

6 平安時代2

1 次の史料を読み，以下の設問に答えよ。 (日本女子大，近畿大)

諸公卿をして遣唐使の進止を議定せしめんと請うの状

右，臣某謹みて案ずるに，在唐の僧中瓘，去年三月，商客王訥等に附して到すところの録記に，₁大唐の凋弊，これを載すること具なり。(中略)

臣等伏して旧記を検ずるに，度々の使等，或いは海を渡りて命に堪えざる者あり。或いは賊に遭いて遂に身を亡せし者あり。ただ未だ唐に至るを見ずして，難阻飢寒の悲しみあり。中瓘の申し報ずるところの如くんば，未だ然らざるの事，推して知るべし。臣等伏して願わくは，中瓘の録記の状を以て，遍く公卿・博士に下され，詳らかにその可否を定められんことを。国の大事にして，独り身のためならず。且く款誠を陳べ，₂伏して処分を請う。謹んで言す。 (『 3 』)

□ **問1** 下線部1に関連して，このころの国際関係についての文として最も適当なものはどれか。

　① 唐の国力は低下していたが，唐の商人はしばしば来航し，貿易をおこなっていた。

　② この後，唐は宋に滅ぼされ，中国からの商人の来航は途絶えた。

　③ 新羅の商人が貿易のために来航するようになったのは，唐の滅亡後であった。

　④ 親密な使節の往来がおこなわれた渤海も，高麗に滅ぼされた。

□ **問2** 下線部2で「処分」を求めた上申書に対して，どのような決定がなされたか，最も適当と思うものを選べ。

　① 「人を停められんと」。　　② 「聖朝の為にその誠を尽くす」。

　③ 「進止を議定」。

□ **問3** 空欄『 3 』に入れる史料名として最も適当なものはどれか。

　① 菅家文草　　② 凌雲集　　③ 日本霊異記　　④ 延喜格式

□ **問4** この上申書を奉呈した人物とは誰か，漢字で答えよ。

2 次の文A・Bの空欄に入る適切な語句を記せ。 (愛知大)

A．中央の国家財政の維持が困難になると，政府は国司・郡司たちの不正・怠慢を取り締まるとともに，弘仁14年には大宰府において（ ア ）田を，元慶3年には畿内に（ イ ）田を設けるなど，財源の確保に努めた。しかし，中央諸官庁は独自の財源となる諸司田を持つようになり，天皇も（ ウ ）田を持ち，皇族にも天皇から賜田が与えられた。

B．政府から一国内の統治をゆだねられ，税の納入を請け負うようになった国司の役割は大きくなった。任国に赴任する国司の最上席者は，前任者から一国の財産を引き継ぐことから，（ エ ）と呼ばれるようになったが，地位を利用して巨利を得る強欲な者が多かった。

3　**次の各問に答えよ。**　　　　　　　　　　　　　　（西南学院大，昭和女子大）

A　平安時代後期になると新たな土地制度への動きがみられるようになった。その原動力となったのは，(a)　**ア**　の耕作を行いながら荒廃田や原野などの開墾を進めて農業生産を拡大した田堵であった。(b)有力な田堵や地方豪族は開発した土地を私領化して，開発領主となった。

　　一方，国司は，国内を郡，郷，保などの新たな行政単位に編成し直し，開発領主を郡司，郷司，保司などに任命し開発推進と徴税を請け負わせた。やがて彼らはその職を世襲し，多くは国衙の行政を担当する(c)　**イ**　となった。

☐ **問a**　下線部（a）に関して，10世紀ごろから，国衙では富豪百姓らに耕作させ耕地面積に応じて徴税する方法に変わった。この課税単位としての　**ア**　は何か。

　　1　名（名田）　　2　口分田　　3　神田　　4　公営田

☐ **問b**　下線部（b）に関して，『新猿楽記』で大名田堵と記された有力な田堵は誰か。

　　1　田中豊益　　2　藤原元命　　3　源頼信　　4　安達泰盛

☐ **問c**　下線部（c）に関して，　**イ**　は国衙で実務を行った役人であるが何か。

　　1　受領　　2　在庁官人　　3　地侍　　4　中宮職

B　(d)10世紀後半以降，国衙から臨時雑役を免除されながら自ら土地を開墾していく者が増えていった。彼らは開発領主とよばれ，所領を中央の権力者に寄進して，自身の土地に対する権益を守ろうとした。次の史料はその時の状況をよく表している。

鹿子木の事

一，当寺の相承は，開発領主沙弥寿妙嫡々相伝の次第なり。

一，寿妙の末流高方の時，権威を借らむがために，実政卿を以て　**ウ**　と号し，年貢四百石を以て割き分ち，高方は庄家領掌進退の預所職となる。

一，実政の末流願西微力の間，国衙の乱妨を防がず，この故に願西，　**ウ**　の得分二百石を以て，高陽院内親王に寄進す・・・これ則ち　**エ**　の始めなり。

　　　　　　　　　　　　　　　　　　　　　　　（東寺百合文書，原漢文）

☐ **問d**　下線部（d）10世紀後半以降の荘園の説明について**誤っている**文を次の中から選べ。

　　1　政府から官物や臨時雑役の免除（不輸）を認めてもらう荘園が増加していた。

　　2　後白河天皇は荘園の増加が公領を圧迫しているとして，延久の荘園整理令を発令した。

　　3　寄進地系荘園の拡大は，私的な土地・人民の支配であったため，国司と対立するようになった。

　　4　国司によって，その任期中に限り不輸が認められた荘園もあった。

☐ **問e**　史料中の　**ウ**　と　**エ**　に，漢字2字で適語を入れよ。

4 次の各問に答えよ。 （明治学院大）

　東国の国司を歴任した源満仲は，のちに摂津多田荘に土着して勢力を伸ばしていた。子の源（　a　）と源頼信は，摂関家の警備をつとめて貴族との結びつきを強めた。1028年に房総半島で（　b　）の乱が起きたが，源頼信が平定して源氏の東国進出のきっかけをつくった。1051年に陸奥で（　c　）やその子の貞任らが反乱を起こすと，源頼信の子の d 源頼義は陸奥守として任地に下り，自分の子の源（　e　）とともに東国の武士を率いて戦い， f 出羽の豪族清原氏の助けを得て鎮圧した。ついで1083年に，陸奥・出羽を治めていた清原氏一族に内紛が起こると，陸奥守であった源（　e　）が介入し，藤原（清原）清衡を助けて内紛を平定した。その後，奥羽では藤原清衡が平泉を根拠地として支配権を確立し，基衡，（　g　）と続いて三代100年にわたって奥州藤原氏が全盛をきわめた。

☐ **問1**　空欄aには，大江山の酒呑童子を退治した伝説で有名な人物が入る。この人物は誰か。
☐ **問2**　空欄bには，高望王の曾孫にあたる人物が入る。この人物は誰か。
☐ **問3**　空欄cには，俘囚の長として陸奥北部の奥六郡で勢力をふるっていた人物が入る。この人物は誰か。
☐ **問4**　下線部dに関連して，源頼義が源氏の氏神である石清水八幡宮の分霊を鎌倉に移してまつり，のちに鎌倉幕府の守護神とされた神社を何と呼ぶか。
☐ **問5**　空欄eに当てはまる人物は誰か。
☐ **問6**　下線部fに関連して，この合戦の経過を記した軍記物を何と呼ぶか。
☐ **問7**　空欄gには，源頼朝に対抗して源義経を保護した人物が入る。この人物は誰か。

5　次の文A・Bを読んで，下の各問に答えよ。 （西南学院大）

A　日本では，9世紀に表音文字として平がな，片かなが生まれ，10世紀にその使用が定着した。かなの誕生により，人々の感情や感覚を日本語で生き生きと伝えることが可能になり，多くの文学作品が生み出された。和歌では，905年に a) 最初の勅撰和歌集である「古今和歌集」が編集された。また，物語では，伝説をもとにした作品や，宮中に仕えた b) 紫式部が著した「源氏物語」，清少納言が著した「枕草子」などの傑作が生まれた。ほかにも， c) 藤原道長をたたえた歴史物語「栄花（華）物語」も女性の手によって書かれている。

☐ **問a**　下線部a）に関して，「古今和歌集」の編集に携わった人物であり，「土佐日記」を著したのは誰か。
　　　1　紀貫之　　2　大江千里　　3　藤原公任　　4　凡河内躬恒
☐ **問b**　下線部b）に関して，「源氏物語」を著した紫式部が仕えていた人物は誰か。
　　　1　大津皇子　　2　中宮彰子　　3　草壁皇子　　4　皇后定子
☐ **問c**　下線部c）に関して，「栄花（華）物語」は誰の作品であると考えられているか。
　　　1　源順　　2　和泉式部　　3　赤染衛門　　4　和気広虫

B　平安時代には現世利益を求める信仰とならんで，現世の不安から逃れ，極楽浄土への往生を願う浄土教も流行してきた。10世紀半ばには，ₐ)京の市で念仏を唱え，阿弥陀信仰を広めようとする聖も現われた。また，ₑ)比叡山中興の祖とも称される僧に学んだ𝑓)源信（恵心僧都）は念仏実践の書を著したことで，貴族をはじめ庶民の間にも広まった。浄土教への信仰は𝑔)釈迦の死後，正法・像法の世を経て末法の世に入るという末法思想によってより強められた。

□ **問 d**　下線部d) に関して，市聖ともよばれ，口に「南無阿弥陀仏」と唱えるとその1音1音が阿弥陀仏になったという伝説をもとにした木像が康勝により造られた聖は誰か。

　　1　良弁　　2　鑑真　　3　法然　　4　空也

□ **問 e**　下線部e) に関して，摂関家とも密接な関係をもっていたといわれるこの僧は誰か。

　　1　重源　　2　曇徴　　3　良源　　4　行基

□ **問 f**　下線部f) に関して，源信（恵心僧都）が著した書は何か。

　　1　日本往生極楽記　　2　拾遺往生伝　　3　往生要集　　4　性霊集

□ **問 g**　下線部g) に関して，当時，末法の世に入るのは永承7年からであるといわれていたが，これは西暦でいうと何年にあたるか。

　　1　969年　　2　985年　　3　1016年　　4　1052年

クエスチョン　ここに注意!!　古代3

Q1　857年に藤原良房が太政大臣に就いたが，それ以前に太政大臣に就いた2人とは誰か？
→**藤原仲麻呂**〔恵美押勝〕と**道鏡**。前者は大師（太政大臣），後者は太政大臣禅師に就任。

Q2　10世紀に，大宰府に大宰権帥として左遷された2人の名前と地位は？
→昌泰の変で**右大臣菅原道真**，安和の変で**左大臣 源 高明**が左遷された。

Q3　藤原道長に仕えた清和源氏は誰か？　彼は平忠常の乱を平定した。
→**源頼信**。平忠常の乱平定で，源氏の東国進出の端緒をつくった。

Q4　田堵と名主の違いは？
→**10世紀**になると，課税の対象となった**名の耕作を請け負った有力農民**を田堵〔負名〕という。**12世紀頃**になると，1年契約の耕作者田堵は成長して次第に権利を強めた。彼らを**名主**とよぶ。

7 院政期～鎌倉時代1

1 次の史料を読んで各問題に答えよ。　　　　　　　　　　（昭和女子大）

……主上ヲサナクオハシマス時ハヒトヘニ執柄ノ政ナリキ。宇治ノ大臣ノ世トナ
リテ……ₐ後三条院，坊ノ御時ヨリアシザマニオボシメスヨシキコエテ，……践祚
ノ時即関白ヲヤメテ宇治ニコモラレヌ。（中略）サレドコレヨリ又フルキスガタハ
一変スルニヤ侍ケン。執柄世ヲオコナハレシカド，（　ア　）・官符ニテコソ天下ノ
事ハ施行セラレシニ，此御時ヨリ（　イ　）・庁御下文ヲオモクセラレシニヨリテ在
位ノ君又クライニソナハリ給ヘルバカリナリ。世ノ末ニナレルスガタナルベキニヤ。
　　　　　　　※文中の「執柄」とは，摂政・関白のことを指す。

□ **問1**　史料は『神皇正統記』の一節である。『神皇正統記』の作者と初稿本が書か
　　れた時期の組み合わせとして正しいものを選べ。
　　　① 北畠親房—12世紀　　　② 北畠親房—14世紀
　　　③ 今川了俊—12世紀　　　④ 今川了俊—14世紀
□ **問2**　下線部aの後三条院は後三条天皇を指す。後三条天皇の説明として**正しくな
　　い**ものを次の中から選べ。
　　　① 大江匡房などの学識にすぐれた人材を登用し，国政改革をおこなった。
　　　② 延久の荘園整理令を出して，基準に合わない荘園を停止した。
　　　③ 摂政・関白を外戚としない天皇であった。
　　　④ 北面の武士を設置し，自らの権力強化につとめた。
□ **問3**　（　ア　）と（　イ　）にあてはまる組み合わせとして適切なものを次の中か
　　ら選べ。
　　　① アー院宣　イー宣旨　　　② アー勅令　イー宣旨
　　　③ アー宣旨　イー院宣　　　④ アー勅令　イー院宣

2　次の各問に答えよ。　　　　　　　　　　　　　　　　　　（龍谷大）

　白河上皇によって本格的に開始された院政は，鳥羽上皇・後白河上皇へと継承さ
れた。この時代には，ₐ院の周辺に荘園の寄進が集中するようになり，天皇家領の
膨大な荘園群が形成されていった。また，大寺院の強訴やᵦ地方の戦乱に対して，
上皇（出家後は法皇）は武士を用いて鎮圧にあたらせた。
　1156年，鳥羽法皇の死後，。天皇家・摂関家の内部対立が深刻化し，両陣営で武
士が動員されて合戦となった。この乱の結果，後白河上皇が院政をはじめたが，
ₔ院近臣同士の対立をきっかけにして，1159年に兵乱が起こった。この乱を鎮める
のに功績があったₑ平清盛と，後白河上皇は当初協調しながら政治をおこなった。
　しかし，平氏一門の急速な政界進出に不満を募らせた後白河法皇と院近臣は，反
平氏の行動をとるようになった。こうした動きに対してᵢ清盛は強圧的な姿勢で臨
んだが，₉各地で反平氏勢力の挙兵が相次ぎ，争乱が全国へと広がった。

1185年の平氏滅亡後，h源頼朝は後白河法皇にせまり，支配を強化するための権限を認めさせて，鎌倉幕府の基礎を固めていった。

□ **問1**　下線部aに関して述べた次の文X・Yについて，その正誤の組み合わせとして，適切なものを次のなかから1つ選べ。
　　X．長講堂領は，鳥羽上皇の持仏堂に寄進された荘園群である。
　　Y．八条院領は，後白河上皇の娘八条院に伝えられた荘園群である。
　　① X＝正　Y＝正　　　② X＝正　Y＝誤
　　③ X＝誤　Y＝正　　　④ X＝誤　Y＝誤

□ **問2**　下線部bに関連して，鳥羽院政期の記述として，適切なものを次のなかから1つ選べ。
　　① 源義家が，奥羽の清原氏を滅ぼした。
　　② 平忠盛が，瀬戸内海の海賊を追討した。
　　③ 源頼義が，陸奥の安倍氏を討った。
　　④ 平正盛が，出雲で源義親の乱を鎮圧した。

□ **問3**　下線部cに関連する記述として，**不適切なもの**を次のなかから1つ選べ。
　　① 天皇家では，後白河上皇と高倉天皇とが対立した。
　　② 摂関家では，藤原忠通と藤原頼長とが対立した。
　　③ 源氏では，源為義と源義朝とに分かれて戦った。
　　④ 平氏では，平清盛と平忠正とに分かれて戦った。

□ **問4**　下線部dに関連する記述として，適切なものを次のなかから1つ選べ。
　　① 藤原通憲（信西）は，平清盛と結んでこの乱に勝利し，権勢をほこった。
　　② 藤原通憲（信西）は，源義朝と結んでこの乱に敗北した。
　　③ 藤原信頼は，平清盛と結んでこの乱に勝利し，権勢をほこった。
　　④ 藤原信頼は，源義朝と結んでこの乱に敗北した。

□ **問5**　下線部eに関連して，後白河上皇が平清盛に造営させた寺院で，鎌倉時代に再建された建築物として，適切なものを次のなかから1つ選べ。
　　① 三仏寺投入堂　　② 中尊寺金色堂　　③ 白水阿弥陀堂
　　④ 富貴寺大堂　　　⑤ 蓮華王院本堂（三十三間堂）

□ **問6**　下線部fに関して述べた次の文X・Yについて，その正誤の組み合わせとして，適切なものを次のなかから1つ選べ。
　　X．平清盛は，後白河法皇を幽閉した。
　　Y．平清盛は，反対派の貴族の官職を奪い処罰した。
　　① X＝正　Y＝正　　　② X＝正　Y＝誤
　　③ X＝誤　Y＝正　　　④ X＝誤　Y＝誤

☐ **問7**　下線部gに関する記述として，適切なものを次のなかから1つ選べ。

　　① 争乱によって焼失した東大寺は，禅宗様の建築様式で再建された。

　　② 信濃で源頼朝が，伊豆で源義仲がそれぞれ挙兵した。

　　③ 源義仲に攻められ，平清盛は西国に都落ちした。

　　④ 争乱中におこった養和の飢饉のために，平氏は打撃を受けた。

☐ **問8**　下線部hの源頼朝が認めさせた権限に関して述べた次の文X・Yについて，その正誤の組み合わせとして，適切なものを次のなかから1つ選べ。

　　X．荘園や公領に国地頭を任命する権限を認めさせた。

　　Y．荘園や公領から1段あたり5升の兵粮米を徴収する権限を認めさせた。

　　① X＝正　Y＝正　　② X＝正　Y＝誤

　　③ X＝誤　Y＝正　　④ X＝誤　Y＝誤

3　次の各問に答えよ。　　　　　　　　　　　　　　　　（西南学院大，日本大）

　平氏は平忠常の乱の後，しばらく勢力が衰えていたが，白河上皇らの信任を得て勢力を広げた。平清盛は保元の乱・平治の乱で勝利をおさめ，その後，a) 平氏の権勢が強まった。平清盛と後白河法皇は当初，協調的な関係を保っていたが，しだいに対立するようになった。その後，b) 源氏が平氏打倒の兵を挙げた。c) 平氏は1183年，源義仲との北陸での戦いに敗れて西国に落ちのび，源義経らによってしだいに追い詰められ，1185年，下関で滅んだ。平氏の滅亡後，源頼朝と対立した義経は奥州藤原氏にかくまわれていたが，d) 頼朝は藤原氏に要求して義経を殺させ，さらに1189年，大軍を率いて出兵し，奥州藤原氏を滅ぼした。1192年，源頼朝は征夷大将軍に任じられ，ここに名実ともに鎌倉幕府が成立した。

☐ **問a**　下線部a) に関して，平治の乱の後，平清盛は後白河法皇の信任を得て急速に昇進した。清盛が1167年に武家として，はじめて任じられた位は何か。

　　1　内大臣　　2　太政大臣　　3　大納言　　4　右大臣

☐ **問b**　下線部b) に関して，次の文の下線部1〜4には，それぞれ1カ所明らかな誤りがある。**誤りの番号として最も適切なもの**を1つ選べ。

　　　1180年，後白河法皇の皇子₁高望王は，源頼政とともに平氏打倒の兵を挙げた。一方，伊豆に流されていた源頼朝や信濃の源義仲ら諸国の源氏も挙兵し，全国的な内乱に発展した。これを₂治承・寿永の乱という。平氏は₃摂津の福原に都を移したが，まもなく京都にもどし，畿内中心に支配を固めてこれらの動きに対決した。しかし，1181年に平清盛が亡くなると，平氏の基盤は弱体化し，のちに₄安徳天皇とともに西国に都落ちした。

☐ **問c**　下線部b) や下線部c) に関して，次の文のうち正しいものを1つ選べ。

　　1　源頼政らが挙兵したのち，平清盛は都を福原京に移した。

　　2　源義経や源範頼は，讃岐の壇の浦で平氏を滅ぼした。

　　3　平氏滅亡後，後白河法皇は，源範頼に源頼朝の追討を命じた。

　　4　源平の争乱が始まるなかで，鹿ケ谷の陰謀とよばれる平氏打倒計画が発覚した。

□ **問 d**　同じく，下線部 c）に関して，1183年から1185年までの源氏と平氏の主な戦いは，どのようになされたか。正しい順番を選べ。

　　1　屋島の戦い→一の谷の戦い→倶利伽羅峠の戦い→壇の浦の戦い

　　2　一の谷の戦い→屋島の戦い→倶利伽羅峠の戦い→壇の浦の戦い

　　3　倶利伽羅峠の戦い→一の谷の戦い→屋島の戦い→壇の浦の戦い

　　4　倶利伽羅峠の戦い→屋島の戦い→一の谷の戦い→壇の浦の戦い

□ **問 e**　下線部 d）に関して，義経を殺害した後，頼朝に攻め滅ぼされた奥州藤原氏の当主は誰か。

　　1　藤原泰衡　　2　藤原清衡　　3　藤原忠平　　4　藤原時平

4　**次の各問に答えよ。**　　　　　　　　　　　　　　　　　　　　（東洋大）

　鎌倉幕府の支配機構は，簡素で実務的なものであった。頼朝時代には，鎌倉に中央機関として，ₐ侍所・政所・問注所が置かれ，諸国にはᵦ守護が，そして荘園や公領には地頭が配置された。頼朝の死後，頼家と実朝の時代となると御家人を中心とする政治を求める動きが強まり，13名の有力御家人からなる合議制によって政治が行われるようになった。

□ **問 1**　下線部 a に関連して，それぞれの機関の初代長官の組み合わせとして最も適切なものを，次のうちから一つ選べ。

　　①　政所：和田義盛　　問注所：大江広元　　侍所：三善康信

　　②　政所：和田義盛　　問注所：三善康信　　侍所：大江広元

　　③　政所：三善康信　　問注所：大江広元　　侍所：和田義盛

　　④　政所：大江広元　　問注所：和田義盛　　侍所：三善康信

　　⑤　政所：大江広元　　問注所：三善康信　　侍所：和田義盛

□ **問 2**　下線部 b の守護について述べた文として**誤っているもの**を，次のうちから一つ選べ。

　　①　原則として各国に一人ずつ置かれた。

　　②　年貢・兵粮米の徴収を行った。

　　③　1185年に義経追討を理由として設置が認められた。

　　④　主として東国出身の有力御家人が任ぜられた。

　　⑤　謀叛人や殺害人の逮捕権を有していた。

8 鎌倉時代2

1 次の各問題に答えよ。 （成蹊大）

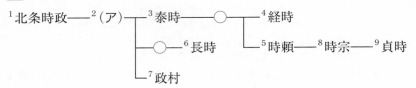

（数字は執権の就任順を示す）

□ **問1** 系図上の鎌倉幕府の執権に関する以下の文章で，正しいものはどれか。
　① 源頼朝の妻北条政子の父である北条時政は，将軍の実朝を廃し，弟の頼家を立てて幕府の実権を握った。
　② 承久の乱がおこると，連署をおいて執権の地位を強めていた執権北条泰時は，幕府軍を率いて入京した。
　③ 北条時頼は，三浦泰村一族を滅ぼして（霜月騒動），北条氏の地位を不動のものにすると，引付衆を任命した。
　④ モンゴルのフビライ＝ハンが日本にたびたび朝貢を要求してきたのに対して，執権となった北条長時がこれを拒否した。
　⑤ 執権北条貞時のもとで御内人の平頼綱が有力御家人の安達泰盛を滅ぼすと，やがて貞時はその頼綱を滅ぼした。

□ **問2** 系図の（ア）に入るのは次のうちだれか。
　① 義時　　② 時房　　③ 実時　　④ 時氏　　⑤ 重時

□ **問3** 系図上の執権の時代に前後する時期に関する以下の文章で，**誤りを含むもの**はどれか。
　① 慈円は，承久の乱の直前に『愚管抄』で歴史を貫く原理をさぐり，道理による歴史の解釈を試みた。
　② 後鳥羽上皇の命により藤原定家や藤原家隆らが編纂した『古今和歌集』は，この時代の和歌に大きな影響を与えた。
　③ 和歌をよむことは政治とも深くかかわっていたので将軍源実朝も和歌に励み，万葉調の歌をよんで，『金槐和歌集』を残した。
　④ 鴨長明は移りゆく世の無常を『方丈記』に記し，兼好法師は鋭い観察眼による『徒然草』をあらわした。
　⑤ 平家の興亡を主題とした『平家物語』は，盲目の琵琶法師によって語られ，文字の読めない人々にも広く親しまれた。

2 **次の史料を読み，下の問いに答えよ。** （近畿大）

(a) ＿＿(1)＿＿ 勲功ハ昔ヨリタグヒナキ程ナレド，ヒトヘニ天下ヲ掌ニセシカバ，君トシテヤスカラズオボシメシケルモコトハリナリ。況ヤ其跡タエテ後室ノ尼公陪臣ノ (b) 義時ガ世ニナリヌレバ，彼跡ヲケヅリテ御心ノマヽニセラルベシト云モ一往イヒナキニアラズ。（中略）

次ニ王者ノ軍ト云ハ，トガアルヲ討ジテ，キズナキヲバホロボサズ。(c) ＿＿(1)＿＿ 高官ニノボリ，守護ノ職ヲ給，コレミナ法皇ノ勅裁也。ワタクシニヌスメリトハサダメガタシ。後室ソノ跡ヲハカラヒ，(d) 義時久ク彼ガ権ヲトリテ，人望ニソムカザリシカバ，下ニハイマダキズ有トイフベカラズ。一往ノイハレバカリニテ追討セラレンハ，上ノ御トガトヤ申ベキ。

□ **問1** 空欄 ＿(1)＿ に入れる人名として最も適当なものはどれか。
　　　① 清盛　　② 義経　　③ 頼朝　　④ 頼家

□ **問2** 下線部 (a) の所有していた荘園を何というか。
　　　① 正作　　② 関東御領　　③ 下地中分　　④ 御料所

□ **問3** 下線部 (b) のおこなったこととして最も適当なものはどれか。
　　　① 引付を設置した。
　　　② 御成敗式目を制定した。
　　　③ 三浦泰村を滅ぼして，政所の別当となった。
　　　④ 和田義盛を滅ぼして，侍所の別当を兼ねた。

□ **問4** 下線部 (c) の「法皇」として最も適当なものはどれか。
　　　① 鳥羽法皇　　② 後白河法皇　　③ 後鳥羽法皇　　④ 白河法皇

□ **問5** 下線部 (d) が述べているできごととして最も適当なものはどれか。
　　　① 保元の乱　　② 治承・寿永の乱　　③ 承久の乱　　④ 元弘の変

3 **次の文章を読み，後の問いに答えよ。** （龍谷大）

　鎌倉時代の武士の多くは，平安時代の開発領主の系譜を引いて，先祖伝来の地に住み着き，所領の拡大につとめていた。彼らは血縁的結合が強く，一族の宗家（本家）の首長を（ 1 ）と仰ぎ，その他の（ 2 ）と呼ばれる人びととは，（ 1 ）の統制に従った。所領は①分割相続され，（ 2 ）も領内に土地を分け与えられ，そこに新しい館を築いて住んだ。このような武士の社会では，武勇・礼節・倹約などの徳目とともに，さまざまな武芸が重んじられた。

　幕府権力の伸張とともに，地頭の勢力が強まると，荘園領主たちは，訴訟をおこすなどして抵抗する一方で，②地頭との間に妥協的な取り決めを結ぶこともあった。

　鎌倉時代も後期になると，商工業の発達にともなう③貨幣経済の進展などの社会変化に加え，元軍の襲来による負担も重なり，武士たちの生活は窮乏した。

□ **問1** 空欄（ 1 ）（ 2 ）にあてはまる語句の組み合わせとして，適切なものを次のなかから1つ選べ。

① 1＝惣領　2＝庶子　　② 1＝棟梁　2＝郎党
③ 1＝惣領　2＝所従　　④ 1＝棟梁　2＝庶子
⑤ 1＝惣領　2＝郎党　　⑥ 1＝棟梁　2＝所従

□ **問2**　下線部①に関して述べた次の文X・Yについて、その正誤の組み合わせとして、適切なものを次のなかから1つ選べ。

X．女性も男性と同じく財産の分配をうけた。

Y．中世を通じて、武家社会の相続方法の主流であった。

① X＝正　Y＝正　　② X＝正　Y＝誤

③ X＝誤　Y＝正　　④ X＝誤　Y＝誤

□ **問3**　下線部②に関連する記述として、**不適切なもの**を次のなかから1つ選べ。

① 荘園領主が、毎年一定額を地頭に納入するかわりに、荘園への不干渉を約束させた取り決めを、地頭請という。

② 荘園領主と地頭が荘園の土地を分割し、相互の支配権を認めあった取り決めを、下地中分という。

③ 幕府は、当事者間の取り決めによる解決を勧めた。

④ 荘園の現地の支配権は、次第に地頭の手に移っていった。

□ **問4**　下線部③に関する記述として、適切なものを次のなかから1つ選べ。

① 金融業者として問（問丸）があらわれた。

② 幕府により鋳造された貨幣が主に用いられた。

③ 年貢の銭納は平安時代から普及していた。

④ 遠隔地の取引には為替が使われた。

---

4 次の問いに答えよ。

（明治学院大）

□ **問1**　次の史料は北条貞時の時代に出された法令であるが、その説明として**誤って**いるものを、下のうちから一つ選べ。

　　一　質券売買地の事

　　　右、所領を以て或は質券に入れ流し、或いは売買せしむるの条、御家人等侘儫の基なり。向後に於いては、停止に従ふべし。以前沽却の分に至りては、本主領掌せしむべし。但し、或いは御下文・下知状を成し給ひ、或いは知行廿箇年を過ぐるは、公私の領を論ぜず、今更相違有るべからず。…

　　　次に非御家人・凡下の輩の質券買得地の事。年紀を過ぐると雖も、売主知行せしむべし。

　　　　　　　　　　　　永仁五年七月二十二日　　（『東寺百合文書』）

① この法令は、元寇にともなう新たな負担や貨幣経済の浸透などで窮乏化した御家人の救済を意図するものであった。

② この法令では、御家人の間で売買した所領については、20年以上経過した場合でも、無償で取り戻すことができた。

③ この史料中の下線部「凡下の輩」とは、一般庶民を意味し、具体的には鎌倉時代の高利貸業者である借上をさすといわれている。

④　この法令は一時的な効果しかあげず，御家人にとって金融の道がかえって閉ざされたため，幕府の意図は実現しなかった。

□ **問2**　得宗専制政治に関するア・イの説明について，その正誤の組合せとして適切なものを，下のうちから一つ選べ。

　　ア　北条氏の家督をつぐ得宗と，その家臣である御内人の勢力が強大となり，重要な事項は得宗の私邸での寄合で決定された。

　　イ　得宗専制政治に対する御家人の反発が次第に高まり，有力御家人の長崎高資は鎌倉幕府の打倒をはかった。

　　① ア―正　イ―正　　　② ア―正　イ―誤

　　③ ア―誤　イ―正　　　④ ア―誤　イ―誤

5　次の各問題に答えよ。　　　　　　　　　　　　　　　（近畿大，西南学院大）

□ **問1**　親鸞の著作として最も適当なものはどれか。

　　① 選択本願念仏集　　② 教行信証

　　③ 往生要集　　　　　④ 日本往生極楽記

□ **問2**　南宋から来日して，建長寺開山となった禅僧は誰か。

　　① 無学祖元　　② 春屋妙葩　　③ 蘭溪道隆　　④ 夢窓疎石

□ **問3**　忍性が造った北山十八間戸とよばれる病人の救済施設はどこにあったか。

　　① 京都　　② 奈良　　③ 鎌倉　　④ 常陸

□ **問4**　虎関師錬は仏教渡来から鎌倉末に至る700年間の日本仏教の歴史をまとめ，その書を後醍醐天皇に献上した。この書を何というか。

　　① 水鏡　　② 元亨釈書　　③ 釈日本紀　　④ 吾妻鏡

クエスチョン　ここに注意!!　中世1

Q1　院政期の土地制度は10世紀に比べてどう変化したのか？

→荘園と公領とで構成される**荘園公領制**に変化した。また，国内は**郡・郷・保**などとよばれる単位に再編成されていった。

Q2　侍所別当と侍所所司はどう違うのか？

→侍所別当は**鎌倉幕府の侍所の長官**，侍所所司は**室町幕府の侍所の長官**のこと。ただし，所司は鎌倉時代には侍所の次官であった。

Q3　元軍の来襲に備え，博多に鎮西探題を設置した執権は誰か？

→北条時宗でなく**北条貞時**。なお，鎮西奉行は，源頼朝が設置した機関。

Q4　鎌倉時代の農村では，草を刈って田にしきこむ肥料を使用したが，これは刈敷か，それとも草木灰か？

→**刈敷**である。草木灰は藁や野草などを焼いてつくった灰のこと。

9 南北朝時代～室町時代1

1 次の各問いに答えよ。

（明治学院大）

天皇家の分裂に危機感をいだいた後醍醐天皇は，院政を廃し，記録所を再興し，親政をおこなった。天皇は朱子学の（ a ）の影響もあって，ｂひそかに幕府を滅ぼそうとしたが，1324年，計画がもれ，失敗した。天皇はさらに計画を練り，ｃ尊雲（護良親王）を天台座主にすえて寺院勢力の結集をはかり，1331年，挙兵をくわだてたが失敗した。そのために，持明院統の光厳天皇が幕府に推されて即位し，後醍醐天皇は1332年に隠岐に流された。

しかし，畿内を中心に倒幕の機運が高まり，吉野では後醍醐天皇の皇子護良親王が，河内では（ d ）が兵をあげ，反幕勢力の結集をはかった。こうした情勢をみて，後醍醐天皇は，1333年，ひそかに隠岐を脱出した。後醍醐天皇の呼びかけに応じて倒幕に立ちあがる者もしだいに増え，幕府軍の指揮官として畿内に派遣された有力御家人ｅ足利高氏（のち尊氏）も幕府に背き，六波羅探題を攻め落とした。また関東では，上野の新田義貞が鎌倉を攻め，北条高時らを滅ぼし，鎌倉幕府は滅亡した。

- □ **問1** 空欄aには，君と臣との関係には守るべき分限があるとの考えに基づいて，天皇と幕府のあり方を正そうとする主張が入る。それは何か，漢字5文字で答えよ。
- □ **問2** 下線部bに関連して，倒幕計画が密告により露見し，側近の日野資朝が佐渡に流された事件を何と呼ぶか答えよ。
- □ **問3** 下線部cに関連して，近臣の吉田定房の密告により倒幕計画が露見した事件を何と呼ぶか答えよ。
- □ **問4** 空欄dには，河内の赤坂城，千早城で幕府軍を引きつけ，御家人の離反を促すなど，建武の新政の実現に貢献し，摂津・河内・和泉の守護となった武将が入る。それは誰か答えよ。
- □ **問5** 下線部eに関連して，武家の側にたって足利尊氏の活躍を描いた南北朝時代の戦記を何と呼ぶか答えよ。

2 次の史料を読み，問いに答えよ。

（成蹊大）

此比都ニハヤル物。夜討，強盗，謀綸旨，召人，早馬，虚騒動，生頸，還俗，自由出家，俄大名，迷者，安堵，恩賞，虚軍。本領ハナルヽ訴訟人。……モルヽ人ナキ決断所。キツケヌ冠上ノキヌ。持モナラハヌ笏持テ，内裏マジハリ珍シヤ。……

（『建武年間記』）

□ **問1**　史料に関連する以下の記述のうちで**誤りを含むもの**はどれか。
　① 『建武年間記』に所収された史料は二条河原落書という。
　② 史料中の決断所とは，鎌倉幕府の引付を受けつぎ建武政権内に設置された雑訴決断所である。
　③ 鎌倉幕府が滅亡すると，後醍醐天皇は京都に帰り，光厳天皇を廃して新しい政治をはじめた。
　④ 建武政権には，重要政務を担当する記録所，恩賞事務を担当する政所，警固を担当する武者所などがおかれた。
　⑤ 後醍醐天皇は，全ての土地所有権の確認には天皇の綸旨を必要とするという趣旨の法令を打ち出した。

□ **問2**　史料の前後の時期の事項に関する以下の記述のうち**誤りを含むもの**はどれか。
　① 花園天皇ののちに大覚寺統から即位した後醍醐天皇は，天皇親政を進め，天皇の権限強化をはかった。
　② 鎌倉時代末には，最後の執権の北条高時のもとで内管領平頼綱が権勢をふるい，得宗専制政治に対する御家人の反発が高まっていた。
　③ 後醍醐天皇の天皇中心の政治に対する武士の不満のひろがりのなかで，足利尊氏は関東に下った機会に新政権に反旗をひるがえした。
　④ 後醍醐天皇方をやぶり京都を制圧した足利尊氏は，持明院統の光明天皇を立て，幕府をひらく目的のもと当面の政治方針を明らかにした建武式目を発表した。
　⑤ 京都を制圧された後醍醐天皇は京都を逃れ，吉野の山中にこもって正統の皇位にあることを主張し，吉野の南朝と京都の北朝が対立することとなった。

3　次の各問いに答えよ。　　　　　　　　　　　　　　（日本大，明治学院大）
　(a)南北朝の内乱は，足利尊氏の孫足利義満が３代将軍につくころにはしだいにおさまってきた。義満は，京都の室町に「花の御所」とよばれる邸宅をかまえて政治を行ったことから，この幕府を室町幕府という。義満は，守護どうしの対立や一族の内紛を利用して守護の勢力を弱め，1391（明徳２）年に山陰地方の山名氏清を滅ぼし，(b)1399（応永６）年には中国地方の大内義弘を討伐するなど，地方支配を強化していった。
　幕府の支配機構もととのえられた。将軍を補佐する管領が大きな権限をもち，三管領とよばれる足利氏一門の三氏が交代でその職についた。管領につぐ重職は，軍事・警察の任務をつかさどる（　c　）の長官（所司）で，四職とよばれる有力守護の四氏が任命されるのが慣例であった。

□ **問1** 下線部（a）に関連して，室町幕府による守護の権限強化に関する説明として適切なものを，次の①〜④から一つ選べ。
　　① 足利尊氏は，当面の政治方針を明らかにした建武式目のなかで，守護の職権として大犯三カ条を定めた。
　　② 守護には，刈田狼籍を取り締まる権限や幕府の裁判の判決を強制執行する使節遵行の権限などが与えられた。
　　③ 1352年に発令された観応の半済令では，全国の守護に荘園・公領の年貢の半分を徴収する権限が認められた。
　　④ 守護には，支配する領国の武士に貫高を基準に軍役を賦課する権限が新たに認められた。
□ **問2** 下線部（b）の戦いとして最も適切なものを，次の①〜④から一つ選べ。
　　① 明徳の乱　　② 嘉吉の乱　　③ 永享の乱　　④ 応永の乱
□ **問3** 空欄（　c　）に記入すべき語句として最も適切なものを，次の①〜④から一つ選べ。
　　① 侍所　　② 問注所　　③ 六波羅探題　　④ 記録所

4 次の各問いに答えよ。　　　　　　　　　　　　　　　　　　　　（明治学院大）
　4代将軍a足利義持の時代は，将軍と有力守護の勢力均衡が保たれ，比較的安定していた。しかし6代将軍足利義教は，将軍権力の強化をねらって専制的な支配をおこなった。義教は，鎌倉公方足利持氏と関東管領上杉（　b　）の対立を契機に，上杉氏を支援してc1438〜39年に持氏を討伐し滅ぼしました。それに対し，1440年に（　d　）が持氏の遺子を擁して挙兵したが，鎮圧された。その後，持氏の子成氏が鎌倉公方となったが，e成氏も上杉氏と対立した。一方，有力守護への圧迫をおこなう義教に危機感を抱いた有力守護の（　f　）は，1441年に義教を自邸に招いて殺害した。（　f　）は領国播磨へもどったが，幕府軍に攻められて敗死した。

□ **問1** 下線部aに関連して，この時代の1416年に前関東管領が鎌倉府の内紛に乗じて反乱をおこした。この争乱を何と呼ぶか。
□ **問2** 空欄（　b　）には，足利学校を再建した人物が入る。この人物は誰か。
□ **問3** 下線部cに関連して，この争乱を何と呼ぶか。
□ **問4** 空欄（　d　）に当てはまる人物は誰か。
□ **問5** 下線部eに関連して，1454年に成氏が関東管領を暗殺したことからはじまった争乱を何と呼ぶか。
□ **問6** 空欄（　f　）に当てはまる人物は誰か。

5 次の各問いに答えよ。　　　　　　　　　　　　　　　　　　　　（専修大）
　1368年に元を滅ぼした明は，翌年，日本に入貢を促すとともに，倭寇の取り締まりを要求したが，　ア　はこれを拒否した。足利義満は，(a)1401年に明に使者を派遣し国交を求めた。明は海外との交易を禁じ（海禁政策），従属国が貢物を持っ

て使者を送って天子に朝見し，天子は返礼の品を与えるという朝貢貿易をとっていたため，(b)1404年に開始された日明貿易は日本からの朝貢の形を取った。

室町幕府の衰退にともなって，貿易の実権は　イ　商人と結ぶ大内氏や，ウ　商人と結ぶ　エ　氏に移っていった。大内氏と　エ　氏は貿易の主導権をめぐって激しく争い，1523年には寧波で双方の船団が衝突するまでになった。その後は大内氏が実権を握り，(c)16世紀の半ばに大内氏の滅亡とともに勘合貿易も途絶えた。

□ **問1**　空欄　ア　は，後醍醐天皇の皇子であり，征西将軍に任じられて九州へ下向し一時九州全土を制圧した人物である。空欄　ア　に入る人物として，最も適切なものを一つ選べ。
　　　① 宗尊親王　　② 護良親王　　③ 懐良親王　　④ 惟康親王

□ **問2**　下線部（a）について述べた次の文の空欄　い　　ろ　　は　にあてはまる語の組み合わせとして，最も適切なものを一つ選べ。
　　　　第1回遣明船の正使は，義満の側近の僧の　い　，副使は博多商人の　ろ　であった。義満は使者に国書を持たせた。明の皇帝は義満の国書に対して　は　あての返書と明の暦をあたえた。
　　　① い　肥富　　ろ　祖阿　　は「日本国王源道義」
　　　② い　祖阿　　ろ　肥富　　は「日本国王源道義」
　　　③ い　祖阿　　ろ　肥富　　は「日本国王臣源」
　　　④ い　肥富　　ろ　祖阿　　は「日本国王臣源」

□ **問3**　下線部（b）に関連して，朝貢形式に反対して中断した人物と，これを再開した人物の組み合わせとして，最も適切なものを一つ選べ。
　　　　　中断した人物　再開した人物　　　　　中断した人物　再開した人物
　　　① 足利義政　　　足利義持　　　② 足利義持　　　足利義政
　　　③ 足利義教　　　足利義政　　　④ 足利義政　　　足利義教
　　　⑤ 足利義教　　　足利義持　　　⑥ 足利義持　　　足利義教

□ **問4**　空欄　イ　　ウ　　エ　に入る語の組み合わせとして，最も適切なものを一つ選べ。
　　　① イ　堺　　ウ　博多　エ　山名　　② イ　堺　　ウ　博多　エ　細川
　　　③ イ　博多　ウ　堺　　エ　山名　　④ イ　博多　ウ　堺　　エ　細川

□ **問5**　下線部（c）に関連して述べた文として，最も適切なものを一つ選べ。
　　　① 大内義隆が家臣の陶晴賢に襲撃されて自害した。
　　　② 大内義隆が鎌倉公方の足利満兼と結んで挙兵したが失敗した。
　　　③ 大内義弘が家臣の陶晴賢に襲撃されて自害した。
　　　④ 大内義弘が鎌倉公方の足利満兼と結んで挙兵したが失敗した。

10 室町時代2

1 次の文章を読んで，以下の問に答えよ。 (明治学院大)

　8代将軍足利義政は，ₐ芸能やᵦ造営事業などに浪費を重ねて守護大名の信望を失った。このような状況のなか，細川勝元と山名持豊が幕府の実権をめぐって争い，さらに両者の対立に斯波氏・（　c　）氏の両管領家の家督争いとₐ将軍家の後継者問題がからみ，1467年に応仁の乱がはじまった。細川方には24カ国16万人，山名方には20カ国11万人が参加し，主戦場となった京都はₑ足軽の乱暴もあって焼け野原となった。

□ **問1** 下線部aに関連して，茶と禅の精神の統一を主張して侘茶の方式を編み出し，茶道の基礎をきずいた人物は誰か。

□ **問2** 下線部bに関連して，義政が1489年に京都東山山荘に建てた2層の楼閣を何と呼ぶか答えよ。

□ **問3** 空欄（　c　）に当てはまる管領家を答えよ。

□ **問4** 下線部dに関連して，9代将軍足利義尚の諮問に答えた政治意見書として適切なものを，次のうちから一つ選べ。
　　① 『善隣国宝記』　　② 『公事根源』
　　③ 『元亨釈書』　　　④ 『樵談治要』

□ **問5** 下線部eに関連して，足軽の乱暴などが描かれている絵巻物として適切なものを，次のうちから一つ選べ。
　　① 石山寺縁起絵巻　　② 真如堂縁起絵巻
　　③ 春日権現験記　　　④ 北野天神縁起絵巻

2 次のA～Cの史料を読み，下の問い（問1～6）に答えよ。 (近畿大，成城大)

A．定今堀地下掟の事
　合延徳元年己酉十一月四日
一　薪・すみは，（　ア　）のをたくべし。
一　（　ア　）より屋敷請候て，村人にて無物（者）置くべからざる事。
一　家売たる人の方より，百文には三文ずつ，壱貫文には卅（三十）文ずつ，
　　（　ア　）へ出すべき者なり。この旨を背く村人は，ₐ座をぬくべきなり。
　　　　　　　　　　　　　　　　　　　　　　　　　（「今堀日吉神社文書」）

B．（文明十七年十二月十一日）今日山城国人集会す。上は六十歳，下は十五六歳と云々。同じく一国中の土民等群集す。今度ᵦ両陣の時宜を申し定めんがための故と云々。しかるべきか。但し又下剋上のいたりなり。

　（文明十八年二月十三日）今日山城国人，（　イ　）に会合す。国中の掟法なお以てこれを定むべしと云々。およそ神妙。但し興成せしめば，天下のため，しかるべからざる事か。
　　　　　　　　　　　　　　　　　　　　　　　　　（「大乗院寺社雑事記」）

C. 。泰高ヲ守護トシテヨリ，（　ウ　）トリ立テ富樫ニテ候アヒダ，（　ウ　）等ノ
ウチツヨク成テ，近年ハ（　ウ　）ノ持タル国ノヤウニナリ行キ候。

（『実悟記拾遺』）

□ 問1　空欄（　ア　）に入れる語句として最も適当なものはどれか。
　　　① 館　　② 林下　　③ 惣　　④ 町
□ 問2　下線部aは具体的には何か。
　　　① 金剛座　　② 宮座　　③ 油座　　④ 市座
□ 問3　空欄（　イ　）に，最も適当な語句を漢字3字で入れよ。
□ 問4　下線部bとして最も適当なものはどれか。
　　　① 畠山政長・畠山義就の両軍　　　② 斯波義廉・斯波義敏の両軍
　　　③ 山名持豊・細川勝元の両軍　　　④ 足利義視・足利義尚の両軍
□ 問5　一揆の結果，下線部cが守護に擁立されることになったが，反対に一揆によっ
　　て自害に追い込まれた守護を答えよ。
□ 問6　空欄（　ウ　）に，最も適当な語句を入れよ。

3　次の文章の空欄にもっとも適切な語句を，下の語群から選べ。　　（成城大）

室町時代には農業や手工業はさらに発達し，定期市はその開催回数を増やし，応
仁・文明の乱後には六斎市が広がった。また，振売や連雀商人といった行商人も増
え，鵜飼いの集団で，鮎などを売り歩いた（　1　）などの女性の行商人も活躍した。
　貨幣としては宋銭に加えて，元銭や（　2　）通宝，洪武通宝，宣徳通宝といっ
た明銭も使用されたが，貨幣の需要増大に伴って粗悪な私鋳銭も流通するように
なった。そのため，取り引きにおいて悪銭の受け取りを拒否し，良銭のみを受け取
ろうとする（　3　）が広がり，経済活動が混乱することもあった。これに対処す
るために，幕府や戦国大名は（　3　）令を出した。
　流通では，遠隔地の取り引きが活発になり，廻船の数が増え，陸上では（　4　）
などの輸送業者が活動した。広範な情報を得やすく，集団的な組織力もあった
（　4　）は，土一揆を先導することもあった。
〔語群〕

ア	開元	イ	車借	ウ	段銭	エ	合銭	オ	米会所
カ	撰銭	キ	釆女	ク	地借	ケ	永楽	コ	蔵元
サ	桂女	シ	株仲間	ス	馬借	セ	掛屋	ソ	大原女

4　次の文を読んで，空欄　1　～　6　に最も適する語句を以下の語群から
　選び，その記号で答えよ。　　（駒澤大）

北山文化では，禅宗文化がさかんとなり，京都五山を中心に漢文学である五山文
学が最盛期をむかえた。また，五山の僧によって水墨画もえがかれ，如拙の『瓢鮎
図』や相国寺の画僧　1　の描いたという『寒山拾得図』がある。
　東山文化は，禅の精神にもとづく簡素さと，伝統文化の幽玄・侘を精神的な基調

とした。そのなかでつくり出された東求堂同仁斎の書院造りの建物や，龍安寺石庭の枯山水が著名である。また，明から帰国した雪舟は，日本的な水墨画様式を創造した。一方，大和絵では，[2]が土佐派，水墨画に大和絵の手法をとりいれた狩野正信・元信が狩野派をおこした。

応仁の頃，公家や文化人が地方の戦国大名をたより各地へくだったため，地方に中央の文化が伝えられた。[3]は肥後の菊池氏や薩摩の島津氏をたより，儒学の講義を行い，薩南学派のもとを開いた。

連歌は和歌の上の句と下の句を別の人が交互によみ継いでいく文芸であるが，南北朝時代に二条良基が『菟玖波集』を編集し，勅撰集と同格とされ和歌と対等の地位を築いた。応仁の頃に宗祇が出て和歌の伝統を生かした正風連歌を確立し，『新撰菟玖波集』を編集し勅撰に準じられた。一方宗鑑は，より自由で庶民的精神を根本とする[4]連歌をつくり，[5]を編集した。

現在行われている盆踊りは室町時代からさかんになったようで，祭礼や正月・盆に華美な飾り物，仮装などをして行う風流と，[6]が結びついて盆踊りが生まれた。

〔語群〕

ア	明兆	イ	『犬筑波集』	ウ	今井宗久	エ	念仏踊り
オ	土佐光起	カ	幸若舞	キ	俳諧	ク	川柳
ケ	土佐光吉	コ	俳句	サ	『水無瀬三吟百韻』		
シ	かぶき踊り	ス	可翁	セ	万里集九	ソ	周文
タ	南村梅軒	チ	湯島聖堂	ツ	『応安新式』		
テ	土佐光信	ト	桂庵玄樹				

5 次の文章の空欄を適語で補え。　　　　　　　　　　　　　　（名城大）

室町時代になると，禅宗の影響を受けた武家文化と伝統的な公家文化が融合し，京都を中心として豊かな文化が開花した。まず，南北朝の動乱による世の変転は歴史への関心を高め，公家の立場からは『増鏡』が，武家の側からは足利尊氏の活躍を描いた『[ア]』がつくられた。南朝の正統性を説いた北畠親房は，建武の新政が実現した後に『[イ]』を著して日本の官職制度を解説している。また，動乱の全体像をいきいきと描いた『[ウ]』は大作の軍記物であるが，歴史書とともに時代の転換期を背景として生まれたものである。

北山文化では，幕府の保護を受けて臨済宗が広まり，大陸文化が普及した。義満が整えた[エ]も中国の官寺の制にならったものである。他方，寺社の保護を受けて能を演じる専門の座が現われ，[オ]を本所とする大和猿楽四座のうち，観世座に出た観阿弥の子は，父子で完成させた能の神髄と理論を述べた『[カ]』を残した。

応仁の乱で都が荒廃するなか，足利義政は東山山荘をかまえ，銀閣を建てた。慈照寺東求堂同仁斎に代表されるように，この時期の建築様式は，禅の精神にもとづく簡素さと幽玄や侘を基調とする[キ]で，床の間や襖などをそなえる近現代の

和風住宅に通じるものである。このような建築物や寺院の庭園には，同じく禅の境地や象徴的な自然を表わす　ク　がつくられた。

6　次の各問いに答えよ。　　　　　　　　　　　　　　　　　　　（東洋大）

□ **問1**　守護大名から戦国大名に成長した事例として最も適切なものを，1つ選べ。
　　　① 毛利元就　　② 上杉謙信　　③ 徳川家康
　　　④ 北条早雲　　⑤ 武田信玄

□ **問2**　戦国大名の領国支配について述べた文として最も適切なものを，次の中から1つ選べ。
　　　① 戦国大名は家臣である領主にその支配地の面積・収入額などを自己申告させる形で検地をおこない，年貢高を石高で表示する方式を定めた。
　　　② 甲斐の武田信玄は駿河・遠江を支配し，「駿・遠両国の輩，或はわたくしとして他国より嫁をとり，或は婿にとり，娘をつかはす事，自今已後停止し畢ぬ」という法令を出し，新たな家臣団を統制した。
　　　③ 越前の朝倉孝景は「喧嘩の事，是非に及ばず成敗を加ふべし。但し，取り懸ると雖も，堪忍せしむるの輩に於いては，罪科に処すべからず」という法令を出し，喧嘩両成敗の原則を示した。
　　　④ 戦国大名は鉱山開発にもつとめ，精錬技術・採掘技術の革新をもたらした。なかでも甲斐・駿河・伊豆の金山，石見・但馬の銀山は著名である。
　　　⑤ 戦国大名は学芸の振興にもつとめ，地方でも武士の子弟を寺院に預けて教育を受けさせる習慣ができており，『閑吟集』や『建武式目』などが教科書として用いられた。

クエスチョン　ここに注意!!　中世2

Q1　建武式目は室町幕府の方針を示したもの。では，室町幕府の法は？
　→御成敗式目〔貞永式目〕とその追加法（建武以来追加）である。

Q2　撰銭と撰銭令はどうちがうのか？
　→撰銭は悪銭をきらって良銭を選ぶ行為。撰銭令は勝手な撰銭を禁止し，良銭の基準や貨幣間の交換率を定めた法。

Q3　享徳の乱と明応の政変はどんな事件なのか？
　→永享の乱で滅ぼされた足利持氏の子足利成氏が鎌倉公方となり，対立した関東管領上杉憲忠（上杉憲実の子）を謀殺したことで始まった戦乱を享徳の乱という。明応の政変は管領細川政元が10代将軍足利義稙を廃して，11代将軍に足利義澄をつけた事件をいう。

11 織豊政権

1　次の文章を読み，下記の問いに答えよ。 （西南学院大）

　日本布教を志した a) イエズス会の宣教師たちが来日し，b) 日本にキリスト教が伝えられたのは16世紀半ばであった。c) 多くの宣教師が来日し，彼らは布教活動に従事しただけでなく，ヨーロッパの d) 学問・技術・文化を伝えた。

☐ **問1**　下線部 a) に関して，少年使節をローマ教皇のもとに派遣することを，九州のキリシタン大名にすすめた宣教師は誰か。
　　1　フランシスコ＝ザビエル　　2　ガスパル＝ヴィレラ（ビレイラ）
　　3　ルイス＝フロイス　　　　　4　ヴァリニャーニ（バリニャーノ）

☐ **問2**　下線部 b) に関して，少年使節を派遣したキリシタン**大名**ではないのは誰か。
　　1　大内義隆　　2　大友義鎮　　3　有馬晴信　　4　大村純忠

☐ **問3**　下線部 c) に関して，当時のキリスト教会は日本の建築様式を重視して木造・瓦葺で建てられた。その教会は何とよばれたか。
　　1　南蛮寺　　2　コレジオ　　3　セミナリオ　　4　耶蘇会

☐ **問4**　下線部 d) に関して，宣教師により伝えられた印刷技術によって，日本の辞書や古典なども刊行された。天草版はどれか。
　　1　武家事紀　　2　伊曽保物語　　3　古史通　　4　大日本史

2　次の文章を読み，下記の問いに答えよ。 （東洋大）

　織田信長は，すぐれた軍事的手腕で戦国大名との戦いを制したのみでなく，(a) 伝統的な宗教的権威の克服や経済力の蓄積にも積極的であった。しかしその独裁的政治手法が周囲との軋轢を生み，1582年に配下の明智光秀に背かれ敗死した。

　他方，(b) 豊臣政権は，各地に直轄領を設け，豪商を統制下に置き，検地を実施して経済的な基盤を築きあげると同時に刀狩を実施して兵農分離を確立し，近世における社会・経済の基礎をつくった。しかしその政治体制は織田信長と同様に秀吉の独裁的性格が強く，中央政府の組織の整備は十分におこなわれていなかった。

☐ **問1**　下線部（a）について，最も適切なものを，次の中から一つ選べ。
　　①　1571年に高野山金剛峰寺の焼き討ちをおこなった。
　　②　伊勢長島や越前の一向一揆を平定し1574年には石山本願寺を屈服させた。
　　③　征服地に広く関所を設け，物流の安全をはかった。
　　④　安土城下町に楽市令を出して，特権的な販売座席である市座を擁護した。
　　⑤　自治的な都市として繁栄していた堺を，武力により直轄領とした。

☐ **問2**　下線部（b）について述べた文として最も適切なものを，次の中から一つ選べ。
　　①　茶人として名高い千利休は，堺の豪商出身である。
　　②　佐渡・石見大森・但馬生野などの主要な鉱山を直轄としたが，貨幣の鋳造

はなされなかった。
③　太閤検地では，土地の面積が新しい基準のもとに定めた町・段・畝・歩に統一されたが，枡の容量は統一されなかった。
④　太閤検地の後も，土地に関する荘園制以来の複雑な権利関係は整理されたが，農民は自分の田畑の所有権を法的に認められることはなかった。
⑤　1591年，秀吉は人掃令を出して，武家奉公人が町人・百姓になることを禁じたが，百姓が商人・職人になることは認めた。

3　**次の史料を読み，下記の問いに答えよ。**　（東洋大）

一　仰せ出され候趣，国人并百姓共ニ合点行候様ニ，能々（よくよく）申し聞すべく候。自然，相届かざる覚悟の輩之在るに於ては，城主にて候ハヽ，其もの城へ追入れ，各相談じ，一人も残し置かず，なでぎりニ申し付くべく候。百姓以下ニ至るまで，相届かざるニ付てハ，一郷も二郷も悉く（ことごとく）なでぎり仕るべく候。（下略）

□**問**　史料に記された検地の，内容について述べた文として最も適切なものを，次の中から一つ選べ。
①　土地面積の表示基準が統一され，1段は360歩とされた。
②　家臣の領主，寺社や村落に土地台帳を提出させる指出検地であった。
③　土地収入に応じて軍役や課役を負担させる，貫高制が確立された。
④　荘園領主を頂点とする複雑な権利関係が整理され，荘園制が解体された。
⑤　この検地で作成された検地帳には，大名の居城が一つだけ記載されることになった。

4　**茶の湯について，下記の問いに答えよ。**　（西南学院大）
□**問1**　豊臣秀吉が1587年11月1日に京都で開いた茶会の場所はどこか。茶会には貧富・身分の区別なく民衆を参加させた。
　　1　西本願寺　　2　北野神社　　3　二条城　　4　伏見城
□**問2**　安土桃山時代の大名たちは盛んに茶会を催し，武将のなかから茶人も出た。**武将でない**茶人は誰か。
　　1　古田織部　　2　小堀遠州　　3　今井宗久　　4　織田有楽斎
□**問3**　千利休が設計したと伝えられる茶室が京都府大山崎町にある寺院に残されている。その茶室はどこにあるか。
　　1　妙喜庵　　2　西本願寺飛雲閣　　3　西本願寺書院　　4　大徳寺
□**問4**　1993年にユネスコの世界遺産となった姫路城の所在地の旧国名は何か。
　　1　筑前　　2　備前　　3　播磨　　4　摂津
□**問5**　桃山文化の気風をよく表した「洛中洛外図屛風」の作者は誰か。
　　1　狩野山楽　　2　狩野永徳　　3　狩野探幽　　4　長谷川等伯
□**問6**　朝鮮人陶工の手で**始められたのでない**陶磁器はどれか。
　　1　有田焼　　2　瀬戸焼　　3　薩摩焼　　4　萩焼

12 江戸時代　前期1

1　次の文章を読み，下記の問いに答えよ。 （昭和女子大，東洋大）

　1603年，徳川家康は征夷大将軍としての宣下を受け，江戸に幕府を開いた。(a) 家康は自らが国内統治者であることを明示するために，内政や外交に関するさまざまな政策を打ち出した。1605年には，将軍職を辞して子の徳川秀忠に譲り，自らが後継者を指名することで，世襲が基本であることを諸大名に示した。その後，幕府は (b) 諸大名を厳しく統制する政策を展開し，3代将軍の家光の時代には，それまであまり力が及んでいなかった西国にも将軍権力が及ぶようになった。

　これら家康から家光の頃までに幕藩体制が築かれ，(c) その基本的な支配機構や職制も整備された。幕府には老中に次ぐ要職として朝廷と西国大名の監視を行うための組織もおかれ，諸大名のみならず，(d) 朝廷への統制も強化されていた。また，(e) 寺請制度を設けるなど寺社や信仰に対する支配も強められた。

□ **問1**　下線部 (a) に関して述べた文として**誤っているもの**を，次の中から一つ選べ。
　　① 国内統治者として，佐渡をはじめ全国の主要な鉱山を直轄にした。
　　② 国内統治者として，諸大名に対して国ごとに国絵図と郷帳の作成を命じた。
　　③ 国の代表として，朝鮮や琉球王国の仲介の下，明と国交を回復した。
　　④ 国の代表として，アンナン・ルソン・カンボジアに修好を求める外交文書を送った。

□ **問2**　下線部 (b) の**諸大名を厳しく統制する政策**について述べた文として**誤っているもの**を，次の中から一つ選べ。
　　① 一国一城令を出し，原則として大名の居城以外の城を破壊させた。
　　② 武家諸法度（寛永令）を発布し，大名の参勤交代を制度化した。
　　③ 領地の貫高に応じて大名に軍役を課し，平時には手伝普請を命じた。
　　④ 幕府の方針に背いた大名は，改易・減封・転封などの処分が下された。

□ **問3**　下線部 (c) について，最も適切なものを，次の中から一つ選べ。
　　① 臨時の最高職である年寄は，将軍代がわりなど重要事項の決定のときのみ合議に加わった。
　　② 役職には原則として数名の譜代大名・旗本らがつき，月番交代で政務を扱った。
　　③ 三奉行とは，寺社奉行・町奉行・遠国奉行のことである。
　　④ 大目付は親藩・譜代大名，旗本，御家人を監察し，目付は外様大名を監察した。
　　⑤ 幕府の直轄地では，堺・長崎・佐渡などには奉行をおかず，代わりに郡代が派遣された。

□ **問4** 下線部（d）の朝廷への統制に関して述べた次の文a～dについて，正しいものの組合せを，下の中から一つ選べ。

 a 禁中並公家諸法度を制定して，天皇や公家は将軍と主従関係にあることを明示した。

 b 禁中並公家諸法度を制定して，天皇や公家の心得や朝廷運営のあり方を明示した。

 c 旗本・御家人に朝廷内の主導権を与え，武家伝奏を通じて操作した。

 d 関白・三公に朝廷内の主導権を与え，武家伝奏を通じて操作した。

 ① a・c ② a・d ③ b・c ④ b・d

□ **問5** 下線部（e）の寺請制度に関して述べた次の文X・Yについて，その正誤の組合せとして正しいものを，下の中から一つ選べ。

 X 幕府はキリスト教以外に，日蓮宗不受不施派も禁じた。

 Y 寺請制度では，神職も檀那寺の檀家となって寺請証文を受けた。

 ① X―正 Y―正 ② X―正 Y―誤
 ③ X―誤 Y―正 ④ X―誤 Y―誤

2 次の史料A・Bを読み，下記の問いに答えよ。 （成蹊大，日本女子大）

A （1条）一，文武弓馬ノ道，専ラ相嗜ムベキ事。（略）

（2条）一，大名・小名在江戸交替相定ル所也。毎歳夏四月中，参勤致スベシ。（略）

（17条）一，五百石以上ノ船，停止ノ事。

□ **問1** Aの史料に関連した以下の文章で**誤りを含む**ものはどれか。

 ① 最初の武家諸法度は，大坂夏の陣直後に，徳川家康が金地院崇伝に起草させ，2代将軍秀忠の名で発布された。

 ② 最初の武家諸法度は，直前に大名の居城を一つに限る一国一城令が出されるなど，きびしく大名を統制するなかで出された。

 ③ 史料Aの武家諸法度は，3代将軍家光のときに発布されたもので，武家諸法度はそれ以降もほとんどの将軍の代がわりごとに公示された。

 ④ 史料Aの第1条は，4代将軍家綱のときに，「文武忠孝を励し，礼儀を正すべき事」に改められ，同時に殉死が禁止された。

 ⑤ 史料Aの武家諸法度は，日本人の海外渡航と在外日本人の帰国が禁止されるなど鎖国政策が強まっていくなかで出された。

B 一，₁摂家たりと雖も，その器用なきは，₂三公・摂関に任ぜらるべからず。況んやその外をや。

 一，₃紫衣の寺は住持職，先規希有の事也。近年猥に勅許の事，（中略）甚だ然るべからず。

右此旨相守らるべき者也。　　　　　　　　　　慶長廿年乙卯七月日

☐ **問2**　下線1は五家あるが，その中で二家の名を漢字で答えよ。

☐ **問3**　下線2はどのような官職か，漢字で答えよ。

☐ **問4**　下線3の箇条に関して，後に幕府に抗議して流罪となった大徳寺の僧侶の名を一人，漢字で答えよ。

3　次の文章を読み，下記の問いに答えよ。　　　　　　　　　　（龍谷大）

　家康は，東アジアの諸国に対しても，豊臣秀吉の強硬政策によって破綻していた外交を改めて友好政策をすすめた。[1]断絶していた朝鮮との国交は，1607年に対馬藩の仲介で回復された。以後，　<1>　とよばれる使節が，朝鮮から来日するようになった。一方，[2]明は日本への警戒心が強く国交を回復することはできなかった。そこで，家康は，薩摩の島津氏による琉球王国の征服を認めた。島津氏は，琉球に明との朝貢貿易を継続させ，利益をあげた。琉球からは幕府へ，国王の代がわりごとに　<2>　を，将軍の代がわりごとに　<3>　を派遣した。また，[3]蝦夷地は松前藩に支配させた。

　さらに，家康は大名や豪商に貿易許可証を与え，明とさかんに交易していた[4]東南アジアの各地との貿易をうながした。貿易が活発になるにつれ，海外に移住する日本人もふえ，各地に日本町が生まれた。1604年，家康は中国産生糸による貿易の利益を獲得するために[5]糸割符仲間を結成させ，貿易の支配権をにぎった。

☐ **問1**　下線部［1］に関して，**不適切なもの**を次の中から1つ選べ。

　　① 　対馬藩は朝鮮貿易の特権を与えられた。

　　② 　対馬藩では貿易利潤を家臣に分与して知行のかわりとした。

　　③ 　朝鮮と対馬藩との条約を己酉約条とよぶ。

　　④ 　貿易は慶州の倭館でおこなわれた。

☐ **問2**　下線部［2］に関して述べた次の文X・Yについて，その正誤の組み合わせとして，適切なものを次の中から1つ選べ。

　　X 　長崎に来航した明船との交易はさかんであった。

　　Y 　幕府は，明をほろぼした清とは正式な国交を結んだ。

　　① 　X＝正　Y＝正　　② 　X＝正　Y＝誤

　　③ 　X＝誤　Y＝正　　④ 　X＝誤　Y＝誤

☐ **問3**　下線部［3］に関して述べた次の文X・Yについて，その正誤の組み合わせとして，適切なものを次の中から1つ選べ。

　　X 　松前藩との交易に不満をもったアイヌ集団は，コシャマインを中心に反乱をおこした。

　　Y 　蝦夷地に居住するアイヌ集団との交易対象地域は，商場（場所）とよばれた。

① X＝正　Y＝正　　② X＝正　Y＝誤

③ X＝誤　Y＝正　　④ X＝誤　Y＝誤

□ **問4**　下線部［4］に関して，交易先として，**不適切なもの**を次の中から1つ選べ。

① ルソン（呂宋）　② アユタヤ　③ アンナン（安南）

④ ゴア　　　　　　⑤ バタビア

□ **問5**　下線部［5］に関連する記述として，適切なものを次の中から1つ選べ。

① 最初は，堺・長崎・京都の特定の商人に限定されていた。

② 最初は，中国商人の暴利を抑えるために，この仲間がつくられた。

③ 仲間の商人は，個々に生糸の購入を許された。

④ 後に，博多・平戸の商人が加わり，五カ所商人とよばれた。

□ **問6**　空欄 <1> ～ <3> にあてはまる語句の組み合わせとして，適切なものを次のなかから1つ選べ。

① <1>＝通信使　<2>＝謝恩使　<3>＝慶賀使

② <1>＝通信使　<2>＝慶賀使　<3>＝謝恩使

③ <1>＝謝恩使　<2>＝慶賀使　<3>＝通信使

④ <1>＝謝恩使　<2>＝通信使　<3>＝慶賀使

⑤ <1>＝慶賀使　<2>＝通信使　<3>＝謝恩使

⑥ <1>＝慶賀使　<2>＝謝恩使　<3>＝通信使

4 次の史料を読み，下記の問いに答えよ。 （日本女子大）

条々

一 日本国御制禁成さるるのきりしたん宗門の儀，其趣を存じながら，彼法を弘むるの者，今に密々差渡るの事。

一 ₁宗門の族徒党を結び，邪義を企つれば，則ち御誅罰の事。

一 伴天連同宗旨の者，かくれ居る所へ，₂彼国よりつつけの物送りあたうる事。

右，茲に因り，自今以後，かれうた渡海の儀，これを停止せられ畢。此上，若し差渡るにおいては，其船を破却し，幷，乗来る者は悉く斬罪に処すべきの旨，仰せ出さるる所，仍執達件の如し。

寛永十六年七月五日

□ **問1**　下線1が実際に起こった，この法令の2年前に発生した事件を何というか，漢字を使って答えよ。

□ **問2**　下線2の国名を答えよ。

□ **問3**　これ以後，近世日本の対外関係は通信の国と通商の国に限定されたが，それらの国名を二つずつ答えよ。

□ **問4**　近世日本の対外関係は，**問3**のように限定されたが，四つの口（窓口）を通じて世界と繋がっていた。この四つの口に**該当しない**地名を，下記の中から一つ選べ。

a 松前　　b 対馬　　c 福井

13 江戸時代　前期2

1　次の文章を読み，下記の問いに答えよ。　　　　　　　　　（龍谷大，愛知大）

　1651年，①徳川家綱が11歳で4代将軍に就いた。この頃までに，幕府の機構は整備されて社会秩序の安定が図られた。諸藩でも飢饉への対応などを念頭において②藩政の安定と領内経済の発展が図られるようになった。

　5代将軍③綱吉にかわると，大老の　 1 　が補佐し，とくに幕府直轄地の農政を重視する政策を打ち出した。　 1 　が殺害されたのちは，側用人の　 2 　が重く用いられ，綱吉のもとで権勢をふるった。木下順庵に学んだ綱吉は，先代からの文治主義をさらにすすめ，儒教倫理を重視する政策をおこなった。それまでの④天皇・朝廷に対する政策が改められたのも礼儀による秩序維持をねらいとしたからであった。綱吉の時代には鉱山収入の減少や災害後の江戸復興費用などによって⑤幕府財政も転換期を迎え，次第に窮乏するようになっていた。

　6代将軍家宣は⑥新井白石と　 3 　を信任して政治の刷新を図ろうとしたが，家宣は在職3年余りで死去し，白石らは3歳で7代将軍となった家継を補佐する形で執務を継続した。

☐ **問1**　下線部①の将軍在職中におこった出来事として，**不適切なもの**を次の中から1つ選べ。
　　① 末期養子の禁止が緩和された。
　　② 明暦の大火によって，江戸市中が甚大な被害を受けた。
　　③ 殉死の禁止が命じられた。
　　④ 富士山が大噴火し，周辺の国々に大きな被害をもたらした。

☐ **問2**　下線部②に関連して述べた次の文X・Yについて，その正誤の組み合わせとして，適切なものを1つ選べ。
　　X　多くの藩では，俸禄制から地方知行制へと移行した。
　　Y　岡山藩主池田光政は，熊沢蕃山を登用して藩政改革に取り組んだ。
　　① X―正　Y―正　　　② X―正　Y―誤
　　③ X―誤　Y―正　　　④ X―誤　Y―誤

☐ **問3**　下線部③の将軍在職中におこった出来事として，**不適切なもの**を次の中から1つ選べ。
　　① 神道の影響を受けて，服忌令が出された。
　　② 仏教の思想にもとづき，生類憐みの令が出された。
　　③ 浅野長矩が，江戸城中で吉良義央に切りつけ，切腹させられた。
　　④ 朱子学が正学とされ，湯島聖堂の学問所ではこれ以外の学問を禁じた。

□ **問4**　下線部④に関して述べた次の文X・Yについて，その正誤の組み合わせとして，適切なものを次の中から1つ選べ。

　　　X　閑院宮家を創設した。
　　　Y　禁裏御料を増やした。

　　① X—正　Y—正　　② X—正　Y—誤
　　③ X—誤　Y—正　　④ X—誤　Y—誤

□ **問5**　下線部⑤に関して，幕府は財政再建策として同じ重量で金の含有量を下げた元禄小判を鋳造した。この小判の金の含有率として適切なものを一つ選べ。

　　① 84%　　② 73%　　③ 57%　　④ 25%

□ **問6**　下線部⑥に関する記述として，適切なものを次の中から1つ選べ。

　　① 朝鮮通信使への待遇を改善し，手厚くもてなした。
　　② 蝦夷地開発計画によって，生産力向上を図った。
　　③ 宣教師シドッチから得た情報をもとに『西洋紀聞』を著した。
　　④ 金の含有率を下げた正徳小判を鋳造させて，物価の安定を図った。

□ **問7**　空欄　　1　　～　　3　　に入る適切な人名を記入せよ。

2　**次の史料を読んで，下記の問いに答えよ。**　　　　　　（日本女子大）

　今，₁重秀が議し申す所は，御料すべて四百万石，歳々に納めらるる所の金は凡七十六万両余，此内，夏冬御給金の料三十万両余を除く外，余る所は四十六万七千両余也。しかるに，去歳の国用，凡金百四十万両に及べり。此外に内裏を造りまいらせらるる所の料凡金七八十万両を用いらるべし。されば，今国財の足らざる所，凡百七十八万両に余れり。（中略）₂前代の御時，歳ごとに其出る所の入る所に倍増して，国財すでにつまずきしを以て，元禄八年の九月より金銀の製を改造らる。（下略）

　　　　　　　　　　　　　　　　　　　　　　　　　　　　（₃折たく柴の記）

□ **問1**　下線1の人物の苗字を，漢字で答えよ。
□ **問2**　下線2の将軍の苗字と名を，漢字で答えよ。
□ **問3**　下線3の著者の苗字と名を，漢字で答えよ。

3　**次の文章を読み，下記の問いに答えよ。**　　　　　　（龍谷大）

　17世紀後半以降の1世紀の間に，農業を中心として生産力は著しい発展を見せ，₍ₐ₎三都を中心に₍ᵦ₎全国を結ぶ交通網が整えられることで流通が促進された。農業技術を解説する書籍も普及していき，日本最初の体系的農書である　　1　　の『農業全書』などが広く読まれた。新田開発や技術革新によって石高は大幅に増加し，幕府や大名の年貢収入も大きく増加した。幕府や大名は，年貢米を都市で販売して貨幣収入を得ることに努めた。また，₍ᵪ₎商品作物の生産やその他の諸産業の発達をうながすことで税収入の増大を図っていった。

　全国に通用する貨幣を安定して供給することは，幕府の重要な役割であった。全国的に同じ規格・品質で流通した金・銀貨幣は，　　2　　がつくらせた慶長金銀が

日本で初めとされる。貨幣鋳造権を独占した幕府は，(d) 金座・銀座・銭座で貨幣を鋳造し，全国に広くいきわたらせた。貨幣の流通は三都や各城下町の両替商により促進され，有力な両替商は，公金の出納や為替・貸付などの業務を通じて幕府や藩の財政を支えた。

□ **問1** 下線部（a）に関連する記述として，適切なものを次の中から1つ選べ。
　① 諸藩・旗本の蔵屋敷は，京都にもっとも多くおかれた。
　② 三井家は，江戸に越後屋呉服店を開業し，両替商も兼業した。
　③ 商品別の荷積問屋の仲間として，大坂で十組問屋がつくられた。
　④ 18世紀には，江戸より大坂の人口が多かった。

□ **問2** 下線部（b）に関する記述として，**不適切な**ものを次の中から1つ選べ。
　① 東海道・中山道・日光道中・奥州道中・甲州道中の5つを五街道という。
　② 五街道は，幕府の直轄下におかれた。
　③ 箱根関は，東海道の重要な関所であった。
　④ 角倉了以は，江戸と大坂を中心とする全国規模の海上交通網を完成させた。

□ **問3** 空欄 1 にあてはまる語句として，適切なものを次の中から1つ選べ。
　① 宮崎安貞　　② 大蔵永常　　③ 本多利明
　④ 貝原益軒　　⑤ 田中丘隅

□ **問4** 下線部（c）に関連する記述として，**不適切な**ものを次の中から1つ選べ。
　① 京都西陣では，高度な技術を用いる高機で高級織物が生産された。
　② 鰯や鰊は干鰯・〆粕などに加工され，俵物として出荷された。
　③ 肥前有田で生産される磁器は，長崎貿易の主要な輸出品となった。
　④ 上方の酒は，18世紀前半には樽廻船で江戸へ運ばれた。

□ **問5** 空欄 2 にあてはまる語句として，適切なものを次の中から1つ選べ。
　① 織田信長　　② 豊臣秀吉　　③ 徳川家康
　④ 徳川秀忠　　⑤ 徳川家光

□ **問6** 下線部（d）に関する記述として，**不適切な**ものを次の中から1つ選べ。
　① 金座では，小判や一分金などの計数貨幣が鋳造された。
　② 銀座では，丁銀や豆板銀などの秤量貨幣が鋳造された。
　③ 銭座では，寛永通宝が鋳造され，全国に広く供給された。
　④ 金座・銀座・銭座ともに，江戸に一元化されていった。

---

4 **次の文章A～Cを読み，下記の問いに答えよ。**　　　（専修大，西南学院大）

A．寛永期の建築では，日光東照宮をはじめとする霊廟建築が流行し，(a) 独特な建築様式が用いられた。また，文禄・慶長の役の際に，出兵した諸大名が連れ帰った朝鮮人陶工によって登窯や絵付の技法が伝えられた。そこから (b) 九州や中国地方の各地で陶磁器生産が始められた。

□ **問1** 下線部（a）の独特な建築様式として最も適切なものを，次の①～④のうちから一つ選べ。

① 大仏様　　② 権現造　　③ 書院造　　④ 折衷様

□ **問2**　下線部 (b) の九州や中国地方で，この頃から生産が始まった陶磁器に**含まれないもの**として最も適切なものを，次の①〜④のうちから一つ選べ。

　　① 萩焼　　② 高取焼　　③ 平戸焼　　④ 備前焼

　B．元禄期には和歌が盛んとなる一方，(c) 上方の町人文芸も盛んとなった。また俳諧では奇抜な趣向をねらう ア に対して，さび・かるみという幽玄閑寂の イ を確立した俳風が現れた。

□ **問3**　下線部 (c) の上方の町人文芸の作者とその作品の組み合わせとして最も適切なものを，次の①〜⑥のうちから一つ選べ。

	作者	作品		作者	作品
①	近松門左衛門	『武家義理物語』	②	井原西鶴	『世間胸算用』
③	北村季吟	『国性 (姓) 爺合戦』	④	森川許六	『猿蓑』
⑤	西山宗因	『日本永代蔵』	⑥	竹本義太夫	『曽根崎心中』

□ **問4**　空欄 ア イ に入る語の組み合わせとして最も適切なものを，次の①〜④のうちから一つ選べ。

　　① ア 蕉風俳諧　イ 談林俳諧　　② ア 談林俳諧　イ 貞門派
　　③ ア 貞門派　　イ 談林俳諧　　④ ア 談林俳諧　イ 蕉風俳諧

　C．江戸時代は儒学が盛んになり，しだいに幕府や各藩に受け入れられた。儒学は，合理的で現実的な考え方を重視する面があり，その意味で他の学問にも影響を与えた。産業が発展するにともない，日常生活の役に立つ実学も発展していった。

□ **問5**　京都相国寺の禅僧であったが，還俗し儒学の体系化につとめたのは誰か。この人物は近世儒学の祖といわれ，家康から仕官することを要請されたが辞退し，門弟の一人を推挙した。

　　① 室鳩巣　　② 藤原惺窩　　③ 伊藤仁斎　　④ 中江藤樹

□ **問6**　荻生徂徠は，徳川綱吉の側近であった柳沢吉保に仕え，その後，江戸に塾を開いて古文辞学を提唱した。この荻生徂徠が江戸に開いた塾を何というか。

　　① 蘐園塾　　② 古義堂　　③ 咸宜園　　④ 洗心洞

□ **問7**　自然科学の分野では，薬用になる動植物や鉱物について研究する本草学が発展した。加賀藩主の庇護のもと稲生若水が編集に取り組んだ本草学の著書は何か。

　　① 本草綱目　　② 大和本草　　③ 柳子新論　　④ 庶物類纂

□ **問8**　日本独自の数学である和算も盛んになり，平易な日常的問題による和算書「塵劫記」などが出て，民間にも和算が広まった。この「塵劫記」を著したのは誰か。

　　① 吉田光由　　② 関孝和　　③ 野呂元丈　　④ 古賀精里

□ **問9**　天文・暦学では，平安時代から用いられていた暦の誤差が目立つようになり，これに代わるものとして，渋川春海（安井算哲）が中国で使われていた暦を参考にして日本独自の暦を作った。この渋川春海が作った暦は何か。

　　① 貞享暦　　② 宣明暦　　③ 寛政暦　　④ 授時暦

14 江戸時代　後期1

1　次の文章を読み，下記の問いに答えよ。　　　　（東洋大，愛知大，近畿大）

　徳川本家の血統が絶えると，徳川吉宗が紀州藩から迎えられ将軍となった。吉宗は，それまでの将軍が置いていた側用人は任命せず，譜代を重視した政治を行う姿勢を示し，何ごとも徳川　　A　　の時代を理想とし，改革を進めようとした。

　吉宗は，幕府財政が行き詰まると，　　B　　を命じて，当面の財政不足を回避した上で，新田開発の奨励，年貢増徴政策の推進，(a) 新しい作物の導入などで，収入の増加を図った。また (b) 人材の登用を積極的に行い，目安箱を設けて庶民からも意見を聞くようにした。さらに代官所や勘定所の機構を整備し (c) 行政機構の充実を図った。

　この結果，幕府の年貢収入は好転したが，米価が下落したため対策に追われることになった。また晩年には，(d)　　C　　を編纂して，裁判の基準とするなどした。

□ **問1**　空欄　　A　　〜　　C　　に入る語句として最も適切なものを，次のうちから一つずつ選べ。
　　A　① 家光　　② 家康　　③ 光圀　　④ 綱吉　　⑤ 家綱
　　B　① 足高　　② 買米　　③ お手伝い普請　　④ 上げ米　　⑤ 囲米
　　C　① 御触書寛保集成　　② 群書類従　　③ 采覧異言
　　　　④ 庶物類纂　　　　⑤ 公事方御定書

□ **問2**　下線部 (a) に関連して，『甘藷記』を著し，その栽培を普及させた人物名として最も適切なものを，次のうちから一つ選べ。
　　① 青木昆陽　　② 野呂元丈　　③ 稲生若水
　　④ 貝原益軒　　⑤ 宮崎安貞

□ **問3**　下線部 (b) に関連して，人材登用について述べた文として最も適切なものを，次のうちから一つ選べ。
　　① 寺社奉行は，知行高5千石以上の旗本が任命されたので，それ以下の知行高のものは就任できなかった。
　　② 人材登用政策によって，川崎宿の名主田中丘隅が登用され，民政に活躍した。
　　③ 定免制が定められ，在任中はその役職に相応する知行高が定められ，不足した場合差額の役料が支給され，職を辞した時は役料を返上することにした。
　　④ 旗本から登用された大岡忠相は，勘定奉行となり火消し制度の拡充などに功績をあげた。
　　⑤ 昌平坂学問所の儒学者岡田寒泉が代官に登用され，年貢増徴政策を推進した。

□ **問4**　下線部 (c) に関連して，徳川吉宗が1719年に金銀貸借についての争いを当事者間で解決させるために出した法令名を答えよ。

□ **問5** 下線部 (d) に関係する史料として最も適当なものを，次のうちから一つ選べ。

① 　盗人御仕置の事

　　一　人を殺し，盗致し候者　引廻しの上　獄門

　　一　追剥致し候者　獄門

② 　一　旧来の借金は勿論，六ヶ年以前辰年まで二借請候金子は，古借・新借
　　　の差別無く，棄捐の積り相心得べき事。

③ 　急度門人共異学相禁じ，猶又，自門に限らず他門二申し合せ，正学講窮致
　　し，人材取立候様相心掛申すべく候事。

④ 　生類あはれみの儀に付，最前書付を以て仰せ出され候処，今度武州寺尾村
　　同国代場村の者，病馬之を捨て，不届の至に候。

2 　**次の文章の空欄を適語で補い，設問に答えよ。** 　　　　（名城大，東洋大，近畿大／改）

　田沼意次は，ₐ10代将軍家治のもとで側用人から老中へと昇進して幕政の実権を
握った。意次は，再び行き詰まりをみせていた幕府財政の打開に取り組み，伝統的
な年貢増徴策にかわる大胆な増収策を積極的に採用した。さらに，仙台藩の医師
　ア　が『赤蝦夷風説考』で説いた意見にもとづき，ₐ蝦夷地の大規模な開発や
ロシアとの交易まで計画した。ₐ意次の政策は，商品経済の発展の成果を吸い上げ
て幕府の財源とし，財政基盤の確立をはかろうとする現実的で合理的な性格のもの
であったが，幕府役人の間で贈収賄がはびこるなど，武士本来の士風を退廃させた
とする批判が強まった。

　意次にかわって老中となったのは，ₐ松平定信であった。定信は，11代将軍家斉
の補佐役として祖父吉宗の施策を模範とした幕政改革に着手した。また，経済的に
困窮した旗本・御家人を救済するため，ₑ札差から借りた金の返済を免除・軽減さ
せるとともに，貸金会所を設けて低利貸付をおこなった。飢饉で荒廃した農村の復
興にも力を注ぎ，人口減少の著しい陸奥や北関東などで江戸や他国へ出稼ぎに行く
ことを制限したほか，地方から江戸に流入した人々に旅費や補助金を与えて農村に
戻ることを勧める　イ　を出した。また，飢饉に備えて各地に社倉や義倉を設け
させ，米穀の備蓄を命じる一方，江戸では₍町入用の節約分の一定割合を積み立て
る制度をつくり，新たに開設した江戸町会所に運用させて貧民救済のための米・金
を蓄えさせた。定信は民間に対して厳しいₐ出版統制令を出し，幕府政治への風刺
や批判を取り締まり，風俗の刷新をはかった。その一環として，　ウ　が『三国
通覧図説』や『海国兵談』で外国による日本侵攻の危機を指摘したことを幕府への
批判とみて弾圧した。

　定信の改革は，一時的に幕政の引締めに成功したが，厳しい統制や質素倹約の強
要は奢侈に慣れた民衆の反発を招いた。さらに，ₕ朝廷と幕府の間に生じた緊張関
係をめぐる家斉との対立もあり，定信は在職6年余りで老中の職を免じられた。

□ **問1** 下線部aに関連して，9，10代将軍の時期に該当する政策として最も適切なものを，次のうちから一つ選べ。

① 米価の調整のため堂島市場を正式に認可した。

② 人参座を設けて，朝鮮人参の流通を統制しようとした。

③ 江戸に十組問屋仲間が結成され大坂との流通の円滑化が図られた。

④ 江戸町会所が設けられ，町人にたいして低利金融が行われた。

⑤ 銀座が江戸などに設けられて，銀貨の安定供給が図られた。

□ **問2** 下線部bについて，この調査のために意次が蝦夷地に2回にわたって派遣した人物は誰か，次のうちから一つ選べ。

① 近藤重蔵　　② 間宮林蔵　　③ 伊能忠敬　　④ 最上徳内

□ **問3** 下線部cについて，意次が実施した政策として最も適当なものはどれか，次のうちから一つ選べ。

① 多くの株仲間を解散させた。

② 江戸の商人のみの力で印旛沼，手賀沼などの干拓工事を行った。

③ 江川太郎左衛門に命じ，反射炉を備えた大砲製造所を佐賀に設けさせた。

④ 計数貨幣である南鐐二朱銀を鋳造した。

□ **問4** 下線部dについて，松平定信の著作として最も適当なものはどれか，次のうちから一つ選べ。

① 宇下人言　　② 政談　　③ 経世秘策　　④ 夢の代

□ **問5** 下線部eについて，これを命じた幕府の法令はどれか，次のうちから一つ選べ。

① 徳政令　　② 棄捐令　　③ 上知令　　④ 撰銭令

□ **問6** 下線部fについて，これは節約分の何パーセントを積み立てさせるものか，次のうちから一つ選べ。

① 7％　　② 14%　　③ 50%　　④ 70%

□ **問7** 下線部gについて，その作品が定信の文武奨励策を風刺した内容であったことから弾圧を受けた黄表紙作者は誰か，次のうちから一つ選べ。

① 恋川春町　　② 山東京伝　　③ 為永春水　　④ 柳亭種彦

□ **問8** 下線部hについて，この事態を招いた出来事として正しいものを，次のうちから一つ選べ。

① 尊号一件　　② 紫衣事件　　③ 閑院宮家創設　　④ 宝暦事件

3　**次の文章を読み，下記の問いに答えよ。**　　　　　　　　　　　（西南学院大）

　江戸時代は農業社会であったため，飢饉が起こると多数の餓死者を出すとともに，1) 百姓一揆や打ちこわしが発生し，社会的・政治的に大きな影響を及ぼした。

　18世紀に入ると，2つの大飢饉が発生した。1732年に起こった享保の飢饉は，2) 西日本一帯での大凶作が全国的な飢饉をもたらすこととなった。1782年から始まった天明の飢饉は，翌年の　ア　の大噴火を経て数年に及ぶ大飢饉となり，全国で多くの犠牲者が出た。特に　イ　地方では多数の餓死者を出し，その惨状は

「凶荒図録」などに描かれている。この大飢饉の後, 3)飢饉に備えて各地に穀物倉を設けて米穀を貯えさせた。19世紀に入ってからも1830年代に　ウ　の飢饉が起こり, 4)都市や農村では困窮した人々であふれた。

□ 問a　　ア　に当てはまる山はどれか。
　　　1　妙義山　　2　筑波山　　3　浅間山　　4　阿蘇山
□ 問b　　イ　に当てはまるのはどこか。
　　　1　東北　　2　近畿　　3　四国　　4　九州
□ 問c　　ウ　に当てはまるのは何か。
　　　1　寛政　　2　天保　　3　安政　　4　文久
□ 問d　下線部1)に関して, 村役人らに主導されて村内の多数の農民が参加し, 集団の力で要求を通そうとする強訴を何というか。
　　　1　代表越訴型一揆　　2　惣国一揆　　3　国人一揆　　4　惣百姓一揆
□ 問e　下線部2)に関して, この大凶作の原因として**当てはまらないもの**はどれか。
　　　1　大地震　　2　いなご　　3　長雨　　4　うんか
□ 問f　下線部3)に関して, このことを何というか。
　　　1　囲米　　2　俸禄米　　3　上げ米　　4　納屋米
□ 問g　下線部4)に関して, 困窮した三河国の百姓が起こした一揆を何というか。
　　　1　肥後の一揆　　2　防長大一揆　　3　加茂一揆　　4　郡内一揆（騒動）

クエスチョン　ここに注意!!　近世1

Q1 豊臣秀吉が惣無事令違反を理由に九州遠征して降伏させたのは, 島津貴久, それとも島津義久？
→**島津義久**である。島津貴久はザビエルが来日した時の領主。

Q2 太閤検地では, 1段当たりの標準収穫高を石高とよび, 土地全体の収穫高を石盛と決めた。この文章は正か誤か？
→誤り。**石高と石盛が反対**である。

Q3 江戸時代の大名は, 当初は家臣に領地を与えて支配を認める俸禄制をとったが, 次第に家臣に蔵米を支給する地方知行制に移行していった。この文章は正か誤か？
→誤り。**俸禄制と地方知行制が反対**である。

Q4 江戸時代の村に住む人々はすべて本百姓として把握された？
→村には, **水呑〔無高百姓〕や名子・被官**という隷属民もいた。

15 江戸時代　後期2

1　次の文章を読み，下記の問いに答えよ。

（龍谷大）

[1]1792年，ロシアからの使節が来航し，漂流民を送還するとともに，日本に通商を要求した。幕府はその要求を拒絶したが，長崎で交渉に応じることを約束し，入港許可証（信牌）を与えて帰国させた。1804年，その許可証を携えた使節が長崎に来航したが，幕府は再び通商を拒絶した。

また，[2]幕府は幕臣らに命じて千島列島や樺太を探検調査させるとともに，蝦夷地の直轄化を推し進めるなど，積極的な北方政策を展開した。

1808年には，イギリスの軍艦　ア　　が長崎湾に侵入し，出島の商館員を一時拘束するなどの事件をおこした。幕府は1825年に無二念打払令（異国船打払令）を発して，強硬姿勢でこれに立ち向かう方針を固めた。

1828年に[3]医師シーボルトが帰国に際して　イ　　の写しを国外に持ち出そうとしたことが発覚し，関係者が処罰された事件も，西欧列強に対する幕府の警戒感が高まるなかでの出来事であった。

1837年には，幕府は浦賀に来航したアメリカの商船に砲撃を加えて撃退した。この事件後には，[4]幕府の強硬策を批判した人びとが断罪される事件もおきた。

□ **問1**　下線部［1］に関連して，この時に来航した使節（A）と，送還された漂流民（B）の組み合わせとして，適切なものを次の中から1つ選べ。
   ①　A＝レザノフ　　　　　　　B＝大黒屋光太夫
   ②　A＝ラックスマン（ラクスマン）　　B＝大黒屋光太夫
   ③　A＝レザノフ　　　　　　　B＝茶屋四郎次郎
   ④　A＝ラックスマン（ラクスマン）　　B＝茶屋四郎次郎
   ⑤　A＝レザノフ　　　　　　　B＝高田屋嘉兵衛
   ⑥　A＝ラックスマン（ラクスマン）　　B＝高田屋嘉兵衛

□ **問2**　下線部［2］に関連して，1798〜99年に択捉島を最上徳内と探検した人物（A）と，1808〜09年に樺太とその対岸を探検した人物（B）の組み合わせとして，適切なものを次の中から1つ選べ。
   ①　A＝工藤平助　B＝近藤重蔵　　②　A＝近藤重蔵　B＝工藤平助
   ③　A＝工藤平助　B＝間宮林蔵　　④　A＝間宮林蔵　B＝工藤平助
   ⑤　A＝近藤重蔵　B＝間宮林蔵　　⑥　A＝間宮林蔵　B＝近藤重蔵

□ **問3**　空欄　ア　　にあてはまる語句として，適切なものを次の中から1つ選べ。
   ①　サン＝フェリペ号　　②　ノルマントン号　　③　フェートン号
   ④　リーフデ号　　　　　⑤　モリソン号

□ **問4**　下線部［3］に関連して，シーボルトが診察所を兼ねて開設した教育施設として，適切なものを次の中から1つ選べ。
   ①　適塾　　②　洗心洞　　③　懐徳堂　　④　日新館　　⑤　鳴滝塾

□ **問5** 空欄 | イ | にあてはまる語句として，適切なものを次の中から1つ選べ。

① 貝原益軒の『大和本草』 ② 渡辺崋山の『慎機論』
③ 伊能忠敬の『大日本沿海輿地全図』 ④ 新井白石の『采覧異言』
⑤ 前野良沢らの『解体新書』 ⑥ 西川如見の『華夷通商考』

□ **問6** 下線部［4］に関連して，この事件で幕府から処罰された人物として，適切なものを次の中から1つ選べ。

① 志筑忠雄 ② 林子平 ③ 佐藤信淵
④ 橋本左内 ⑤ 横井小楠 ⑥ 高野長英

2 次の文章を読み，下記の問いに答えよ。 （東洋大，京都産業大）

　文化・文政期に入ると，厳しい統制も緩んで，(a) 町人を中心とした庶民文化の成熟する時代となった。特に文政年間には，貨幣改鋳による幕府の財政収入の増加により，将軍や大奥の生活が華美なものとなり，商人の活動も活発化して，江戸をはじめとする三都が栄えた。

　天保期に入ると，(b) 大規模な飢饉による国内の動揺と異国船の脅威により，農業生産力と鎖国に立脚した幕藩体制は，動揺することとなった。大御所徳川家斉の死去した1841年，(c) 老中水野忠邦は幕政の改革を試みるが，わずか2年で失敗し，幕府の権威は失墜した。そうしたなかで，(d) 藩政の改革に成功した雄藩と朝廷の地位が，浮上しはじめた。

□ **問1** 下線部（a）について，化政文化における作品と作者名の組み合わせとして，最も適切なものを，次の中から一つ選べ。

① 『農政本論』—海保青陵 ② 『稽古談』—本多利明
③ 『雨月物語』—曲亭（滝沢）馬琴 ④ 『浮世風呂』—式亭三馬
⑤ 『東海道五十三次』—葛飾北斎

□ **問2** 下線部（b）について，最も適切なものを，次の中から一つ選べ。

① 1836年の飢饉はとくに厳しく，そのため甲斐国郡内地方や三河国加茂郡で一揆がおこった。
② 1837年には，大坂において，元商人で陽明学者の大塩平八郎が，貧民救済のため武装蜂起した。
③ 越後柏崎では，陽明学者の生田万が，大塩門弟と称して陣屋を襲撃した。
④ 1837年，イギリス商船のリーフデ号が浦賀沖に接近し，交易を求めたが，幕府はこれを撃退した。
⑤ 渡辺崋山は，『戊戌夢物語』を著して，幕府の対外政策を批判したが，幕府によって処罰された。

□ **問3** 下線部（c）について，最も適切なものを，次の中から一つ選べ。

① 株仲間の解散を命じ，商品流通の独占を排除して，物価の引き下げには成功したが，かえって経済を混乱させた。

② 庄内藩の財政を援助する目的から，幕府は川越・庄内・長岡3藩の領知を互いに入れ換えることを命じたが，領民の反対もあって撤回した。

③ 江戸に流入した貧民の帰郷を奨励する人返しの法を発し，農村の再建をはかったが，帰郷を強制するものでなかったため，あまり効果がなかった。

④ 上知令を出し，江戸・大坂周辺のあわせて約50万石の地を幕府の直轄地にしようとしたが，譜代大名や旗本に反対されて実施できなかった。

⑤ 風紀を乱すとして，人情本作家の十返舎一九を処罰した。

□ **問4** 下線部（d）について，藩政改革に関して述べた次の文X・Yと，それを主導した人名a～dとの組み合わせとして正しいものを以下から答えよ。

X：藩の借財を250年賦にして棚上げするとともに，黒砂糖の専売を強化し，また密貿易なども行い藩財政を再建した。

Y：紙・蠟の専売制を改正するとともに，下関の越荷方を拡充し，金融業・委託販売業・倉庫業などを行い，莫大な利益を得た。

a　村田清風　　b　由利公正　　c　野中兼山　　d　調所広郷

① X―a Y―d　　② X―b Y―c

③ X―d Y―a　　④ X―c Y―b

3 次の文章を読み，空欄に適語を入れよ。　　　　　　（愛知大）

幕藩体制の動揺は，思想・文化の面でも新たな展開を生んだ。徳川家斉の時代よりもかなり前，1755年頃に　ア　はその著書『　イ　』において，「万人直耕の自然の世」を理想として，封建的な身分制度を否定すべきことを説いていた。また朱子学の思想には元々，　ウ　と共に覇者を排斥するという「　ウ　斥覇」の考え方があり，将軍の居る江戸で　ウ　論を説いた山県大弐は1767年に処刑された。

他方，儒教や仏教などの外来思想が入る前の日本古来の思想を探究しようとする国学も起こり，とりわけ『古事記伝』の著者で知られる　エ　は，人間本来の真心による生活が古道にかなうものだと主張した。

4 下記の問いに答えよ。　　　　　　（西南学院大）

□ **問1** 高松藩出身で，長崎や江戸で本草学を学び，火浣布や寒暖計などを作ったのは誰か。

1　佐久間象山　　2　宇田川玄随　　3　平賀源内　　4　箕作阮甫

□ **問2** 洋学の塾もしだいに各地に設立された。仙台藩の藩医であった大槻玄沢が江戸で開いた塾は何というか。

1　含翠堂　　2　鳴滝塾　　3　懐徳堂　　4　芝蘭堂

□ **問3** 次の書物のなかで，**読本ではないもの**は何か。

1　南総里見八犬伝　　　2　雨月物語

3　東海道中膝栗毛　　　4　椿説弓張月

□ **問4** 18世紀前半に優れた浄瑠璃作品を残した竹田出雲（二世）の代表作は何か。

1　仮名手本忠臣蔵　　　2　東海道四谷怪談
　　　3　本朝廿四孝　　　　　4　冥途の飛脚

□ **問5**　御蔭参りの目的地はどこか。
　　　1　金毘羅宮　　2　伊勢神宮　　3　成田不動　　4　出雲大社

□ **問6**　藩校名とその設立地の組み合わせとして**誤っているもの**はどれか。
　　　1　明徳館―秋田　　　2　弘道館―米沢
　　　3　日新館―会津　　　4　養賢堂―仙台

□ **問7**　「雪松図屛風」，「保津川図屛風」などの作品がある画家は誰か。
　　　1　長谷川久蔵　　2　谷文晁　　3　黙庵　　4　円山応挙

□ **問8**　蕪村とともに「十便十宜図」を描いたことで知られる，京都銀座役人の子として生まれた画家は誰か。
　　　1　雪舟　　2　鳥居清長　　3　池大雅　　4　野々村仁清

□ **問9**　伊能忠敬は隠居後に江戸へ出て，幕府天文方の弟子になり，日本の各地を測量した。その成果は後に「大日本沿海輿地全図」としてまとめられた。伊能忠敬が弟子入りした幕府天文方は誰か。
　　　1　高橋至時　　2　麻田剛立　　3　間宮林蔵　　4　宇田川玄真

クエスチョン　ここに注意!!　近世2

Q1　5代将軍徳川綱吉（とくがわつなよし）は上野（うえの）にあった林家の塾を湯島に移建したが，これを何というか？
→湯島聖堂でなく**聖堂学問所**（せいどうがくもんじょ）である。湯島聖堂は孔子廟（こうしびょう）（孔子を祀った建物）のこと。

Q2　松前藩（まつまえはん）では，アイヌとの交易権を知行として与える商場知行制（あきないばちぎょうせい）から商人に請負わせ，運上金（うんじょうきん）を納めさせる場所請負制に代わった。正か誤か？
→正しい。**商場知行制**から**場所請負制**（ばしょうけおい（うけおい）せい）に代わった。ちなみに，この間におこったのが1669年の**シャクシャインの戦い**〔乱〕。コシャマインの戦い〔乱〕ではない。これは室町時代の乱。

Q3　寛政（かんせい）の改革（かいかく）で行われた七分積金（しちぶつみきん）では，江戸の（　1　）（漢字3字）の節約分の（　2　）％を（　3　）（漢字5字）に積み立てさせた。（　3　）で資金運用して，貧民を救済する体制を整えた。
→（　1　）は**町入用**（ちょうにゅうよう），（　2　）は**70**，（　3　）は**江戸町会所**（えどまちかいしょ）。

Q4　最上徳内（もがみとくない），近藤重蔵（こんどうじゅうぞう），伊能忠敬（いのうただたか），間宮林蔵（まみやりんぞう）が蝦夷地（えぞち）に初めて関わったのは何時か？古い順に並べなさい。
→1786年 最上徳内→1798年 近藤重蔵→1800年 伊能忠敬
→1808年 間宮林蔵

解答・解説：別冊 p.32

16 幕末

1　次の文章を読み，下記の問いに答えよ。　　　　　　　　　（東洋大，甲南大）

　かねてより太平洋を航海する貿易船や捕鯨船の寄港地として日本の開港を望んで
いたアメリカは，1846年，アメリカ東インド艦隊司令長官ビッドルを浦賀に寄港
させ通商を求めたが，幕府はこれを拒否した。しかし，あくまでも開国を強く希望
するアメリカは，(a)1853年6月，艦隊を日本に派遣し開国を求めた。

　1854年1月，アメリカの艦隊がまたも来航したため，幕府はやむを得ず，3月
に(b)日米和親条約を結んだ。1856年に，日米和親条約により赴任したアメリカ総
領事が，イギリスとフランスの脅威に対抗するには通商条約が必要であることを説
き，調印を迫った。その後，1858年6月，幕府は(c)日米修好通商条約を結んだ。
翌1859年には，3つの港で貿易が開始された。

□ **問1**　下線部（a）に関連して，アメリカによる開国の要求に対する幕府の対応を
　　説明した文X～Zについて，その正誤の組み合わせとして最も適切なものを，一
　　つ選べ。

　　X　老中首座の阿部正弘は，国防を目的に江戸湾に砲台を設置するとともに，
　　　　これまで禁じていた大船の建造を許した。

　　Y　老中首座の阿部正弘は，アメリカによる開国の要求に対応するため，海防
　　　　参与に軍事総裁の勝海舟を任命した。

　　Z　老中首座の阿部正弘は，アメリカによる開国要求について朝廷に報告せず
　　　　に，独断で幕臣や諸大名に意見を求めた。

　　①　X　正　Y　正　Z　誤　　　　②　X　誤　Y　正　Z　誤
　　③　X　誤　Y　誤　Z　正　　　　④　X　正　Y　誤　Z　正
　　⑤　X　正　Y　誤　Z　誤　　　　⑥　X　誤　Y　正　Z　正

□ **問2**　下線部（b）の条約が定めた内容について述べた文として**誤っている**ものを，
　　一つ選べ。

　　①　アメリカに一方的な最恵国待遇を与えること。
　　②　アメリカ船に対して燃料・食糧などを供給すること。
　　③　アメリカ船が難破した時には船や乗組員を救助すること。
　　④　アメリカ船の寄港地として下田と箱館を開港すること。
　　⑤　アメリカ人総領事を箱館に駐在させること。

□ **問3**　下線部（c）の条約の条文として**誤っている**ものを，一つ選べ。

　　①　双方の国人，品物を売買する事総て障りなく，その払い方等に付ては日本
　　　　役人これに立会わず。
　　②　薪水・食料・石炭ならびに欠乏の品を求める時には，その地の役人にて取
　　　　扱いすべし。私に取引すべからざる事。
　　③　総て国地に輸入・輸出の品々，別冊の通り，日本役所に運上を納むべし。

④　日本人に対し，法を犯せる亜米利加人は，亜米利加コンシュル裁断所にて吟味の上，亜米利加の法度を以て罰すべし。

2　下記の問いに答えよ。
（西南学院大）

□ **問1**　島津久光は，尊攘派による挙兵を計画していた藩士有馬新七らを襲撃して尊攘派を一掃した。この事件は何というか。

□ **問2**　幕府は徳川慶喜を将軍後見職，松平慶永を政事総裁職などに任命し，参勤交代制の緩和などの幕政の改革を行った。この改革は何というか。

□ **問3**　幕府に見切りをつけ，天皇を中心とする雄藩連合政権を期待して，薩摩藩を支持したイギリス公使は誰か。彼は初代オールコックに続いて第2代公使となった人物である。

□ **問4**　1866年，欧米諸国がより有利となる関税率改定について幕府が調印した協約は何というか。

□ **問5**　王政復古の大号令が発せられた日の会議で，徳川慶喜の官位や領地を天皇に返上させることが決められた。この会議は何というか。

3　次の文章の空欄に，もっとも適切な語句を記入せよ。
（成城大）

　1866年1月，坂本竜馬・中岡慎太郎らの斡旋により，薩摩藩の小松帯刀・西郷隆盛，長州藩の（ ア ）が京都で会盟し，薩長連合が結ばれたことで倒幕の動きは加速した。倒幕派が主導権を握った長州藩に対し，幕府は再征の勅許を得て，同年6月に第2次長州征討を開始した。しかし，新型小銃を装備する長州藩は，（ イ ）が組織した奇兵隊の活躍もあり，旧装備の幕府軍に連勝した。

　翌1867年6月，坂本竜馬は京都に向かう途中で（ ウ ）を後藤象二郎に示し，議会開設など国家のあるべき姿を説いた。後藤象二郎はこれをもとに前土佐藩主の（ エ ）に大政奉還の必要性を説き，同年10月に（ エ ）は幕府に大政奉還を建白した。10月14日には公家の（ オ ）の工作により討幕の密勅が薩長両藩に下されたが，同日に徳川慶喜は大政奉還を上表することで倒幕派を一時的に退けた。しかし，同年12月に倒幕派は再び巻き返しをはかり，王政復古の大号令が発せられた。

17 明治時代1

1 次の史料を読み，下記の問いに答えよ。

（日本女子大）

朕惟フニ更始ノ時ニ際シ，内以テ億兆ヲ保安シ，外以テ ［ 1 ］ セント欲セハ，宜ク名実相副ヒ，政令一ニ帰セシムヘシ。朕曩ニ諸藩₂版籍奉還ノ議ヲ聴納シ，新ニ ［ 3 ］ ヲ命シ，各其職ヲ奉セシム。然ルニ数百年因襲ノ久キ，或ハ其名アリテ其実挙ラサル者アリ。何ヲ以テ億兆ヲ保安シ，［ 1 ］ スルヲ得ンヤ。朕深ク之ヲ慨ス。仍テ今更ニ藩ヲ廃シ県ト為ス。

□ **問1** 空欄1に入る語として適当なものはどれか，下記の中から一つ選べ。
　　a 万機公論ニ決　　b 立憲ノ政体ヲ樹立　　c 万国ト対峙

□ **問2** 下線2の「版籍」とはどのような意味か，下記の中から一つ選べ。
　　a 各藩領民の戸籍簿　　b 各藩の保有資産　　c 各藩の領地と領民

□ **問3** 空欄3には旧藩主が任命された職名が入る。漢字で答えよ。

□ **問4** この史料が詔書として出されて行われた改革を何というか，漢字で答えよ。

□ **問5** この改革が行われた1871年に，政府は，円・銭・厘を単位とする新しい貨幣制度を定めた法律を制定した。この法律を何というか，漢字で答えよ。

2 次の史料を読み，下記の問いに答えよ。

（京都産業大）

①今般地租改正ニ付，旧来田畑貢納ノ法ハ悉皆相廃シ，更ニ②③地券調査相済次第，土地ノ代価ニ随ヒ④百分ノ三ヲ以テ地租ト相定ムヘキ旨仰セ出サレ候条，改正ノ旨趣別紙条例ノ通相心得ヘシ。
（『法令全書』）

□ **問1** 下線部①について，地租改正条例が公布されたのは何年かを答えよ。
　　1 1871年　　2 1873年　　3 1876年　　4 1881年

□ **問2** 下線部②について，地券に関連した次の2つの説明文，X・Yの正誤の組み合わせとして正しいものを答えよ。
　　X：地券とは，土地所有権の確認証である。
　　Y：地券所有者が税金を納めた。
　　1 X：正　Y：正　　2 X：正　Y：誤
　　3 X：誤　Y：正　　4 X：誤　Y：誤

□ **問3** 下線部③について，地券に記載されている事項として，**誤っているもの**を答えよ。
　　1 保証人　　2 地価　　3 土地の面積　　4 地租率

□ **問4** 下線部④について，この税率に関する説明のうち正しいものを答えよ。
　　1 この税率は，以後も変化しなかった。
　　2 税率が一律になったことで，旧士族の生活は楽になった。
　　3 税率が一律になったことで，政府は財政的基礎を確立した。

4　税率が一律になったことで，農民の反発は無くなった。

3　次の文章を読み，下記の問いに答えよ。
（専修大）

　1867年に成立した明治政府は，戊辰戦争の戦費を不換紙幣の発行でまかなった。政府歳入の不足は，年貢の増徴で対処した。さらに1873年には，国民皆兵を原則とする (a) 徴兵令を公布した。政府による一連の政策によって国民の負担は増大した。

　財源の安定的な確保をめざした政府は，税制を抜本的に改革するために地租改正条例を公布して地租改正に着手した。また，歳出面では，歳出総額の約30％にものぼる (b) 秩禄を全廃して抑制を試みた。しかし， (c) 殖産興業政策の推進や軍備の拡張による歳出の増加が政府の財政を圧迫しつづけた。

□ **問1**　下線部（a）に関連して，徴兵令の前提となった徴兵告諭の一文として最も適切なものを，次の①～④のうちから一つ選べ。
　　① 「夫兵馬の大権は朕が統ふる所なれば其司々をこそ臣下には任すなれ，其大綱は朕親之を攬り肯て臣下に委ぬべきものにあらず。」
　　② 「わが国の平和と独立を守り，国の安全を保つため，直接侵略及び間接侵略に対しわが国を防衛することを主たる任務とし（後略）。」
　　③ 「生きて虜囚の辱を受けず，死して罪過の汚名を残すこと勿れ。」
　　④ 「古昔の軍制を補ひ，海陸二軍を備へ，全国四民男児二十歳に至る者は尽く兵籍に編入し，以て緩急の用に備ふべし。」

□ **問2**　下線部（b）に関連して，秩禄およびその処分について述べた文として最も適切なものを，次の①～④のうちから一つ選べ。
　　① 年間支給額の5～14年分の額をすべての受給者に支給する秩禄奉還の法を1873年に定めた。
　　② 秩禄は，華族・士族に支給される富突と明治維新の功労者に与えられる庚申講からなる。
　　③ 公債を元手に慣れない商売に手を出して失敗した者も多かった。
　　④ 政府は，秩禄処分によって没落した士族の救済を目的として棄捐令を出した。

□ **問3**　下線部（c）について述べた文として最も適切なものを，次の①～④のうちから一つ選べ。
　　① 五代友厚を頭取とする第一国立銀行が設立された。
　　② モッセを招いて1876年に札幌農学校を開校した。
　　③ 上野・青森間の官営鉄道が1872年に工部省によって敷設された。
　　④ 東京と大阪に砲兵工廠を設けた。

18 明治時代2

1 次の史料を読み，下記の問いに答えよ。 （東京女子大）

　臣等伏シテ方今政権ノ帰スル所ヲ察スルニ，上帝室ニ在ラス，下人民ニ在ラス，而シテ独リ①有司ニ帰ス。（中略）乃チ之ヲ振救スルノ道ヲ講求スルニ，唯天下ノ公議ヲ張ルニ在ル而已。天下ノ公議ヲ張ルハ，（　2　）ヲ立ルニ在ル而已。

□ **問1**　下線部①は，ここでは何を指しているか。最も適切なものを，次の中から一つ選べ。
　　ア　政党　　イ　財閥　　ウ　旧幕府勢力　　エ　藩閥官僚　　オ　軍部
□ **問2**　空欄（　2　）にあてはまる語句を，漢字4字で答えよ。
□ **問3**　この意見書が提起されてより以降の次の出来事Ⅰ～Ⅳを古いものから年代順に正しく並べたものを，下のうちから一つ選べ。
　　　Ⅰ　開拓使官有物払下げ事件　　　Ⅱ　保安条例
　　　Ⅲ　西南戦争　　　　　　　　　　Ⅳ　秩父事件
　　　ア　Ⅲ→Ⅰ→Ⅱ→Ⅳ　　イ　Ⅰ→Ⅲ→Ⅱ→Ⅳ　　ウ　Ⅲ→Ⅰ→Ⅳ→Ⅱ
　　　エ　Ⅰ→Ⅳ→Ⅲ→Ⅱ　　オ　Ⅲ→Ⅱ→Ⅰ→Ⅳ　　カ　Ⅰ→Ⅲ→Ⅳ→Ⅱ

2 次の文章を読み，後の問いに答えよ。 （東洋大）

　1874年に　A　がおこした佐賀の乱をはじめ，不平(a)士族による反乱があいつぐ中で，自由民権運動の主導者の一人だった　B　は土佐で立志社をおこし，翌年には民権派の全国組織をめざして愛国社を大阪に設立した。1880年には愛国社の呼びかけによって結成された国会期成同盟が政府に国会開設をもとめたが，政府はこれに応じず，(b)民権派の活動を制限しようとした。

　こうした自由民権運動の高まりの中で，1881年に政府は，民権派に同調してイギリス型の議院内閣制の早期導入をもとめていた　C　を政府から追放するとともに，国会開設の勅諭を出した。

　民権派は(c)国会開設に備えて政党結成を進める一方，　D　が起草した「東洋大日本国国憲按」のような，さまざまな憲法私案がつくられた。

□ **問1**　空欄　A　～　D　に入る人物名として，最も適切なものを，次の中から一つずつ選べ。
　　A　①　西郷隆盛　　②　板垣退助　　③　江藤新平
　　　　④　後藤象二郎　⑤　木戸孝允
　　B　①　板垣退助　　②　伊藤博文　　③　福沢諭吉
　　　　④　大隈重信　　⑤　後藤象二郎
　　C　①　伊藤博文　　②　大隈重信　　③　岩倉具視
　　　　④　松方正義　　⑤　山県有朋

D	① 植木枝盛 ② 福沢諭吉 ③ 大隈重信
	④ 中江兆民 ⑤ 井上毅

☐ **問2** 下線部（a）について述べた文として，**不適切なもの**を，次の中から一つ選べ。

① 廃藩置県後，明治新政府は士族に家禄をあたえたが，のちに秩禄処分によってすべて廃止した。

② 明治新政府発足後，士族は軍人・警官・教員になることができなかった。

③ いわゆる四民平等の世になった結果，士族は平民との結婚も可能になった。

④ 明治新政府は生活に困った士族に対して，北海道開拓事業などの士族授産対策を実施した。

⑤ 西南戦争は，不平士族による最大規模の反乱だった。

☐ **問3** 下線部（b）に関連して，政府による自由民権運動の弾圧について述べた文として，**不適切なもの**を，次の中から一つ選べ。

① 集会条例を制定し，集会・結社の自由を制限した。

② 新聞紙条例を制定し，政府を攻撃する新聞・雑誌の発行を規制した。

③ 保安条例を制定し，中江兆民らを皇居外3里の地に追放した。

④ 讒謗律を制定し，官僚らへの批判を禁止した。

⑤ 治安警察法を制定し，政治運動の規制を強化した。

☐ **問4** 下線部（c）に関連して，1890年の第一議会から日清戦争直前の第六議会までの初期議会における政治について述べた文として，**最も適切なもの**を，次の中から一つ選べ。

① 陸・海軍大臣を現役の大将・中将に限定する，軍部大臣現役武官制が定められた。

② はじめての政党内閣である第1次大隈重信内閣が成立した。

③ 第1次山県有朋内閣は，政府の政策は政党の動向に左右されない，という超然主義の立場をとった。

④ 立憲政友会が結成され，伊藤博文が総裁に就任した。

⑤ 第2次桂太郎内閣が，国民に勤勉と倹約などを求める戊申詔書を発布した。

---

3 **次の文章を読み，下記の問いに答えよ。** （専修大）

自由民権運動には岸田俊子や景山英子ら女性も参加していたが，1890年の (a)帝国議会開設に先立って行なわれた(b)衆議院議員選挙では，女性に選挙権及び被選挙権が認められず，国政の舞台から女性は排除された。また1890年に公布された民法は，(c)一部の法学者から「家族道徳などを破壊する」との批判を受けた。そのため民法は1890年代後半に修正され，家父長制的な家制度を基本とする内容になり，男性と対等な権利が女性には認められなかった。

□ **問1**　下線部（a）の帝国議会に関する大日本帝国憲法の規定について説明した次の文a～dについて，正しいものの組み合わせとして最も適切なものを，次のうちから一つ選べ。

　　a　帝国議会は，天皇による立法権の行使に協賛する機関である。

　　b　貴族院は，貴族院令により公選された議員から成り立っている。

　　c　貴族院は，衆議院より先に，予算を審議する権限を持っている。

　　d　帝国議会で予算案が不成立の場合，政府は前年度の予算をそのまま施行できる。

　　① a・b　　② a・c　　③ a・d

　　④ b・c　　⑤ b・d　　⑥ c・d

□ **問2**　下線部（b）に関連して，いわゆる初期議会の衆議院議員選挙について述べた文として最も適切なものを，次のうちから一つ選べ。

　　①　憲法と同時に制定された衆議院議員選挙法は，直接国税25円以上をおさめる満30歳以上の男子に選挙権を与えると規定した。

　　②　第一回衆議院議員選挙で，藩閥政府反対派のいわゆる民党が衆議院の過半数の議席を獲得した。

　　③　第二回衆議院議員選挙で，山県有朋内閣は内務大臣品川弥二郎を中心に，激しい選挙干渉を実施した。

　　④　第二回衆議院議員選挙の結果，藩閥政府賛成派のいわゆる吏党が衆議院の過半数の議席を占めた。

□ **問3**　下線部（c）に関連して，1890年公布の民法に対して「民法出デ、忠孝亡ブ」と批判した法学者の人物の名として最も適切なものを，次のうちから一つ選べ。

　　①　井上毅　　　②　加藤弘之　　　③　伊東巳代治

　　④　穂積八束　　⑤　金子堅太郎　　⑥　梅謙次郎

4　**次の文章を読み，下記の問いに答えよ。**　　　　　（成蹊大，愛知大，日本女子大）

　明治政府の重要な外交課題は不平等条約の改正であった。1871年に日本を出発した岩倉使節団は最初の訪問国アメリカで予備交渉を開始しようとしたが，具体的成果を上げられなかった。外務卿の（　ア　）は，関税自主権の回復について交渉を行い，アメリカの同意を得たが，イギリス・ドイツなどが反対したために不成功に終わった。外務卿（のち外務大臣）の（　イ　）は，欧化政策によって日本の近代化を示し，列国の代表を集めて条約改正会議を開いた。交渉案では，外国人の内地雑居を認めるかわりに，(a) 領事裁判権は撤廃されることとなった。しかし，この案は，領事裁判権の撤廃に関しては，外国人判事を任用することなどが条件とされたため，極端な欧化政策への反感とあいまって，政府内外から激しく反対され，交渉は中止された。

　(b) 条約改正問題は，陸奥宗光が外務大臣に就任して転機を迎えることになった。陸奥は，それまでに相当進んでいた国内体制の整備を背景とし，(c) 内外の政治情勢の変化を活用して，(d) 日英通商航海条約の締結に成功した。

□ **問1**　空欄（　ア　）（　イ　）に入る適切な語句を記せ。

□ **問2**　下線部（a）につき，イギリスの貨物船沈没事故に対して不当な判決が出された事件が領事裁判権に関する世論の反感を強めたが，この事件を何というか。

□ **問3**　同じく下線部（a）につき，フランス人法学者で，外国人判事の任用についての危険性を指摘した政府法律顧問は誰か。

□ **問4**　下線部（b）につき，1889年から外務大臣をつとめた青木周蔵は，条約改正の外交交渉が進展していたにも関わらず1891年のある事件の勃発によって辞任を余儀なくされた。この事件を何というか，漢字で答えよ。

□ **問5**　下線部（c）につき，陸奥外相が英国との条約改正交渉に際して活用することが可能だったのは，内外の政治情勢のどのような変化か。可能だったものを選べ。

　　① ロシアの遼東半島租借権獲得に対する英国の懸念
　　② 義和団の乱（北清事変）
　　③ 隈板内閣の成立と議会主義的政治体制への変化
　　④ 三国干渉に対する国民世論の反発
　　⑤ 政府への自由党の歩み寄り

□ **問6**　下線部（d）につき，この時締結された日英通商航海条約について，**誤っているもの**を選べ。

　　① 領事裁判権が撤廃された。
　　② 日英両国は最恵国待遇を相互対等に供与しあうこととされた。
　　③ 長年の課題であった日本の関税自主権がようやく完全に容認された。
　　④ イギリス人の内地雑居が認められた。
　　⑤ 英国に続き，他の欧米諸国とも同様の改正条約が締結された。

19 明治時代3

1 次の史料を読み，下記の問いに答えよ。 （昭和女子大）

　今日の謀を為すに，我国は隣国の開明を待て，共に亜細亜を興すの猶予ある可らず，寧ろ其伍を脱して西洋の文明国と進退を共にし，其支那朝鮮に接するの法も隣国なるが故にとて特別の会釈に及ばず，正に西洋人が之に接するの風に従て処分す可きのみ。悪友を親しむ者は共に悪名を免かる可らず。我れは心に於て亜細亜東方の悪友を謝絶するものなり。

□ **問1**　史料の内容と関係の深いことばを次の中から選べ。
　　① 脱亜論　　② 超然主義　　③ 最恵国待遇　　④ 門戸開放
□ **問2**　史料が書かれた年に結ばれた天津条約に関する説明として正しいものを次の中から選べ。
　　① 伊藤博文と李鴻章のあいだに結ばれた天津条約では，朝鮮の独立が確認された。
　　② 伊藤博文と李鴻章のあいだに結ばれた天津条約では，朝鮮に出兵する場合に，たがいに事前通告することが定められた。
　　③ 陸奥宗光と李鴻章のあいだに結ばれた天津条約では，朝鮮の独立が確認された。
　　④ 陸奥宗光と李鴻章のあいだに結ばれた天津条約では，朝鮮に出兵する場合に，たがいに事前通告することが定められた。

2 次の文章を読み，問に最も適当な答えを記せ。 （西南学院大）

□ **問1**　1880年代に入ると，朝鮮は近代化政策に転じたが，軍制改革に不満を抱いていた旧軍は，1882年，糧米の遅配や不正支給をきっかけに民衆とともに，政府要人と日本公使館を襲撃した。この事件は何か。
□ **問2**　朝鮮国内では，清国との関係を維持しようとする事大党と日本をモデルに近代的国家形成をめざす独立党（開化派）との抗争が激化した。金玉均ら独立党（開化派）は，1884年，日本公使らの援助を得てクーデターを起こしたが，失敗に終わった。この事件は何か。
□ **問3**　朝鮮開国以降，日朝の貿易額は増大した。しかし，朝鮮からの輸出は米や大豆などの第一次産品が主であり，日本人商人の買い占めもあって朝鮮国内では穀物価格が高騰した。1889年には，地方官が穀物輸出禁止令を出したが，日本政府の強硬な要求で解除させられ，朝鮮は賠償金まで支払わされることになった。この禁止令は何か。
□ **問4**　1894年，東学教徒と農民らは，減税，不正役人の追放などを求め蜂起し，全国的な農民戦争に発展した。日清戦争の直接の契機となったこの事件は何か。

3 次の文章を読み，下記の問いに答えよ。

（東洋大，明治学院大）

　日本は朝鮮の内政改革を巡って清国と対立を深め，1894年，清国に宣戦布告し，(a) 日清戦争が始まった。戦局は日本有利に進み，日本軍は清国軍を朝鮮から駆逐し，日本の勝利に終わった。

　1904年，日露双方が宣戦布告して (b) 日露戦争が始まった。日本の連合艦隊は日本海海戦でロシアのバルチック艦隊を全滅させた。しかし，日露両国とも戦争継続が困難となり，1905年，ポーツマス条約に調印した。

　日露戦争に勝利した日本は大陸進出を加速し，韓国と三度にわたって日韓協約を結び，韓国の外交権を奪い，内政権を手に入れ，韓国軍を解散させた。日本政府は1910年，韓国併合条約を強要して (c) 韓国を植民地化し，朝鮮総督府を設置した。

□ **問1**　下線部 (a) に関連して，日清戦争について述べた文として最も適切なものを，次の中から一つ選べ。

① 戦争終結後，下関で首相の伊藤博文，外相の大隈重信と，清側の李鴻章との間で下関条約が調印された。

② 条約により，清は日本に遼東半島，台湾，澎湖諸島を譲渡するとともに，当時の日本円で約3億円の賠償金を支払った。

③ 条約により朝鮮の独立が認められ，1897年に朝鮮は国名を大韓民国と改めた。

④ 満州進出を狙うロシアがイギリス，フランスとともに遼東半島の清への返還を勧告し，日本は受け入れた。

⑤ 台湾では独立運動がおきたが，日本は台湾総督府を設置して桂太郎を総督に任命し，軍事力でおさえた。

□ **問2**　下線部 (b) に関連して，日露戦争について述べた文として最も適切なものを，次の中から一つ選べ。

① 日本は約17億円の戦費の多くを増税でまかなったため，国民負担が限界に達していた。

② 日本海海戦を機に日本は，アメリカのウィルソン大統領にロシアとの調停を依頼した。

③ 日露間の交渉は日本全権が加藤高明，ロシア全権がウィッテであった。

④ ロシアから賠償金が取れなかったことに国民の不満が高まり，暴徒化した市民が暴れる日比谷焼打ち事件がおきた。

⑤ 日露戦争中にロシアでは革命がおきてロマノフ朝が倒され，帝政ロシアが滅び社会主義政権が誕生した。

　下線部（c）に関するア・イの説明について，その正誤の組合せとして適切なものを，次の中から一つ選べ。

　　ア　日本は第2次日韓協約を締結して韓国の外交権と内政権を接収し，統監府を設置した。

　　イ　朝鮮総督府の初代総督である寺内正毅は，三・一運動を弾圧するとともに憲兵警察の設置や土地調査事業を実施した。

　　① アー正，イー正　　　② アー正，イー誤
　　③ アー誤，イー正　　　④ アー誤，イー誤

4　**次の文章を読み，下記の問いに答えよ。**　　　　　（西南学院大，名城大）

　日清戦争以前より接近しつつあった藩閥政府と政党は，日清戦争後には提携関係を結んだ。1)第2次伊藤博文内閣は　ア　と提携し，板垣退助を内務大臣として入閣させた。2)続く第2次松方正義内閣は　イ　と提携した。しかし，第3次伊藤博文内閣が提案した地租増徴案を結束して否決した　ア　と　イ　は，3)その後に合同して　ウ　を結成した。衆議院に絶対多数をもつ　ウ　の出現によって議会運営の見通しを失った第3次伊藤内閣は総辞職した。そして，初の政党内閣である第1次大隈重信内閣が成立した。第1次大隈内閣では，4)陸海軍大臣を除くすべての閣僚が　ウ　出身者であった。

　藩閥政府は5)政党の進出に対するさまざまな歯止めを作りながらも，政党が政権に参画することを容認するようになり，民党の中からは藩閥政府の積極主義を支持する政治家も現れるようになった。これらの動きは1900年に伊藤博文や伊藤系官僚と6)　ア　の系譜を継ぐ政党とが合流して結成された　エ　に結実する。

□ **問1**　下線部1)に関して，　ア　に当てはまる政党名は何か。

□ **問2**　下線部2)に関して，　イ　に当てはまる政党名は何か。

□ **問3**　下線部3)に関して，　ウ　に当てはまる政党名は何か。

□ **問4**　下線部4)に関して，1900年には現役の大将・中将のみが陸海軍大臣に任用されると定められた。このときに定められた制度は何か。

□ **問5**　下線部5)に関して，政党の影響力が官僚に及ぶのを防ぐために1899年に改正された勅令は何か。

□ **問6**　下線部6)に関して，空欄　エ　に当てはまる政党名は何か。

5　**次の史料を読み，下記の問いに答えよ。**　　　　　　（東京女子大）

　①歳ハ庚子に在り八月某夜，金風淅瀝（せきれき）として露白く天高きの時，一星忽焉（こつえん）として墜ちて声あり，嗚呼②自由党死す矣（い），而（しか）して其光栄ある歴史ハ全く抹殺されぬ。

□ **問1**　下線部①と同年の出来事として正しいものを，次のア〜オのうちから一つ選べ。

ア　治安警察法制定　　イ　下関条約調印　　ウ　金本位制の成立

エ　日本社会党結成　　オ　教育勅語発布

□ **問2**　この文書の執筆者は，のちに『平民新聞』の発行に携わり非戦論を展開することとなる。その人名を答えよ。

□ **問3**　この文書では，輝かしい「自由党」の歴史が失われたといった趣旨で，下線部②のように「自由党」と表現されているが，この年，実際に解党した政党名は何か。次のア〜オのうちから一つ選べ。

ア　進歩党　　　　イ　立憲自由党　　ウ　憲政会

エ　立憲政友会　　オ　憲政党

6　**次の文章を読み，下記の問いに答えよ。**　　　　　　　　　　（近畿大）

(1)1906年に西園寺公望が内閣を組織したが，1907年の恐慌によってこの政策がゆきづまると，桂太郎に政権をゆずった。第2次桂太郎内閣は1908年に 　(2)　 を発布し，また，内務省を中心に地方改良運動を推進した。大逆事件を機に社会主義者・無政府主義者を弾圧したが，　(3)　 など，若干の社会政策的配慮もおこなった。

□ **問1**　下線部（1）のできごととして最も適当なものはどれか。

① 南満州鉄道株式会社の設立　　② 第1次日英同盟協約の締結

③ 第1次日韓協約の締結　　④ 日米通商航海条約の調印

□ **問2**　空欄　(2)　に入れる語句として最も適当なものはどれか。

① 専門学校令　　② 教育勅語　　③ 治安警察法　　④ 戊申詔書

□ **問3**　空欄　(3)　に入れるできごととして最も適当なものはどれか。

① 産業組合法の公布　　② 工場法の公布

③ 農会法の公布　　④ 国立銀行条例の制定

Q? クエスチョン　ここに注意!!　近代1

Q1　1866年に幕府は改税約書（かいぜいやくしょ）に調印したが，この結果，関税は輸出入とも（　　）％になったか？

→輸出入とも**5％**になった。なお，**改税約書**によって輸出超過から**輸入超過**になった。

Q2　地租改正（ちそかいせい）での税率はどのように変化したか？　主なものを答えよ。

→1873年**地価の3％**→1877年**地価の2.5％**→1898年**地価の3.3％**

Q3　岩倉使節団に対して，西郷隆盛（さいごうたかもり）を中心とする留守政府は，徴兵令，地租改正，学制（がくせい）などを実施した。正か誤か？

→正しい。**徴兵令，地租改正，学制，太陽暦**の採用などを実施した。

20 明治時代4

1 次の文章を読み，下記の問いに答えよ。 （東洋大）

　日本の産業革命の中心を担ったのは，繊維産業であった。日本の綿糸や綿織物の生産は，輸入品に圧迫されて一時衰退していたが，1880年代になると，(a) 綿糸を生産する紡績業で大規模な機械制生産が急増した。また，問屋制家内工業生産をおこなっていた農村の綿織物業でも，1900年代には，　Ａ　らの考案した国産力織機を導入し，小工場への転換が進んだ。もっとも紡績業や綿織物業は，原料の綿花を輸入に依存しており，外貨の獲得の点では，(b) 製糸業が極めて重要な役割を果たした。

　一方，重工業部門では，当初は官営工場が主たる担い手となり，政府は，重工業の基盤である鉄鋼の国産化をめざし，大規模な(c) 八幡製鉄所を設立した。そして，政府の保護のもと，造船，鉄鋼，機械などを中心に，民間の重工業も発達し始めた。工作機械では，　Ｂ　が，標準旋盤の開発に成功した。

　このようにして，軽工業及び重工業分野で近代産業が発展し，資本主義が成立したが，それは(d) 賃金労働者の増大や社会問題の発生をともなうものだった。なお，(e) 産業革命期の労働者がおかれた状況を記した著書等がある。

☐ **問1**　空欄　Ａ　に入る語句として最も適切なものを，次の中から一つ選べ。
　　① ジョン＝ケイ　　　② 川崎正蔵　　　③ 臥雲辰致
　　④ 豊田佐吉　　　　　⑤ 渋沢栄一

☐ **問2**　空欄　Ｂ　に入る語句として最も適切なものを，次の中から一つ選べ。
　　① 三菱長崎造船所　　② 深川セメント製造所　　③ 日本製鋼所
　　④ 池貝鉄工所　　　　⑤ 芝浦製作所

☐ **問3**　下線部 (a) について述べた文として最も適切なものを，次の中から一つ選べ。
　　① 大阪紡績会社は，イギリス製の最新式紡績機械を用い，2000錘紡績を実現した。
　　② 日清戦争の影響で，中国や朝鮮への綿糸の輸出は減少した。
　　③ 1890年代後半には，綿糸の生産量が輸入量を上回るようになった。
　　④ 機械制紡績工場の普及を背景に，1890年代になると，ガラ紡による綿糸生産が急増した。
　　⑤ 輸入綿糸を用い，生産性を高めた綿織物業の回復が，紡績業の発展の土台となった。

□ **問4** 下線部 (b) について述べた文として最も適切なものを，次の中から一つ選べ。
① 製糸業の発展で，生糸を原料とする輸出向けの羽二重生産もさかんになった。
② 輸入機械に学んだ座繰製糸の小工場が農村地帯に普及し，養蚕農家も増大した。
③ 幕末の輸出品は農水産物が中心で，生糸の割合は2割に満たなかった。
④ 輸出品の割合で，生糸が綿糸を抜くのは，日清戦争後のことであった。
⑤ 日露戦争後，日本はアメリカを追いこし，世界最大の生糸輸出国になった。

□ **問5** 下線部 (c) について述べた文として最も適切なものを，次の中から一つ選べ。
① 殖産興業を担う工部省が所管した官営工場であった。
② イギリスの技術を導入し，1897年に設立され，1901年に操業を開始した。
③ 日本政府が与えた借款の見返りとして，大冶鉄山の鉄鉱石を入手した。
④ 当初の生産高は，国内産銑鉄・鋼材の2〜3割にすぎなかった。
⑤ 建設資金の一部には，日露戦争の賠償金があてられた。

□ **問6** 下線部 (d) について述べた文として最も適切なものを，次の中から一つ選べ。
① 1901年，日本最初の社会主義政党である日本社会党が結成された。
② 工場法は製糸業などに14時間労働を認めるなど，内容は不十分であった。
③ 労働運動の指導をおこなうため，高野房太郎らは，1897年に社会主義研究会を発足させた。
④ 1900年に工場労働者の6割を占めた繊維産業において，女性はその半数でしかなかった。
⑤ 工場法が制定されたのは，第2次西園寺公望内閣のもとであった。

□ **問7** 下線部 (e) に関連して，著者と書名の組み合わせとして最も適切なものを，次の中から一つ選べ。
① 山本茂実―『女工哀史』 ② 中里介山―『職工事情』
③ 横山源之助―『日本之下層社会』 ④ 農商務省―『大菩薩峠』
⑤ 細井和喜蔵―『あゝ野麦峠』

2 **次の文章の空欄を適語で補い，設問に答えよ。** （名城大）

　明治の初期には，文明開化とよばれる新しい風潮が生まれた。西洋近代思想の自由主義や個人主義がとり入れられ，また天賦人権思想も主張された。　ア　はスマイルズやミルの著書を翻訳し，　イ　はルソーの社会契約論を紹介した。このような思想は，こののち自由民権運動を支える理論となっていく。

　明治10年代の後半，政府が条約改正のために主導する欧化主義がさかんになるが，次第に批判が強まった。民友社を設立した　ウ　は，政府の欧化政策を a貴族的欧化主義と批判した。また，新聞『日本』を刊行した　エ　は，b日本の独立や国民性を重視する立場から政府の欧化政策を批判した。

　思想面以外でも欧米の影響がみられる。例えば西洋音楽がとり入れられた。最初は軍楽隊においてであったが，c東京音楽学校の初代校長である　オ　は，小学

校の唱歌に西洋歌謡をとり入れた。

　演劇では，ₐ歌舞伎に文明開化の風俗をとり入れることも試みられた。またオッペケペー節で有名な　カ　による壮士芝居が，日清戦争前後から新派劇とよばれるものへと変貌した。そして日露戦争後は，西洋の近代劇を翻訳し上演する演劇のジャンルが現れ，　キ　といわれた。

□ **問1**　下線部aについて，この主義に反対した空欄ウの人物の主張する欧化主義は何とよぶか。

□ **問2**　下線部bについて，やはりこの立場に立つ人々が作った政教社が発行した雑誌は何か。

□ **問3**　下線部cについて，この学校で西洋音楽の専門的教育を受け，「荒城の月」を作曲したのは誰か。

□ **問4**　下線部dについて，明治中期には「団菊左時代」が到来する。団とは誰を指すか。

3　次の文章を読み，下記の問いに答えよ。　　　　　　　　　　　　（成蹊大）

　欧米の議会主義的思想の影響を強く受けた明治初期の自由民権運動の時期には，₍ア₎政治小説とよばれる分野の作家があらわれた。これに対抗するかのように，（　1　）は評論『小説神髄』により，芸術としての文学の独自のありかたを論じて文学界に新風をもたらしたが，その考え方自体もまた，西洋の文芸理論にもとづくものであった。多くの₍イ₎自然主義文学者についても，西洋の影響は大きい。さらに，『不如帰』などのベスト・セラーで大衆的な人気を得た（　2　）には，キリスト教や，直接の交流があったトルストイの影響が強くみられる。

□ **問1**　下線部（ア）に関し，次の選択肢のうちで，政治小説の題名とその作者が正しく組み合わされているのはどれか。
　　① 『安愚楽鍋』―末広鉄腸　　② 『佳人之奇遇』―仮名垣魯文
　　③ 『経国美談』―矢野竜渓　　④ 『雪中梅』―仮名垣魯文
　　⑤ 『経国美談』―東海散士

□ **問2**　空欄（　1　）にいれるべき文学者は誰か。
　　① 正岡子規　　② 山田美妙　　③ 幸田露伴
　　④ 夏目漱石　　⑤ 坪内逍遙

□ **問3**　下線部（イ）の自然主義文学について述べた以下の記述のうち，**誤りを含む**ものはどれか。
　　① 自然主義が日本の文壇で流行したのは日露戦争前後からであった。
　　② 雑誌『明星』は自然主義文学の中心的雑誌であった。
　　③ 日本の自然主義文学者には，フランス等の自然主義文学者の影響が見られる。
　　④ 国木田独歩，田山花袋，島崎藤村などが自然主義文学者として活躍した。

⑤　樋口一葉，芥川龍之介，谷崎潤一郎は，自然主義文学者とは言えない。
- [ ] 問4　次の諸作品のうち，空欄（　2　）の文学者が書いたものはどれか。
　　①　『自然と人生』　　②　『舞姫』　　　　　　③　『金色夜叉』
　　④　『夜明け前』　　　⑤　『時代閉塞の現状』

4　次の問いに答えよ。

（西南学院大）

- [ ] 問1　1859年に来日し，開成学校などで教鞭をとりながら，政府の顧問として，翻訳・法律制度の調査に携わったオランダ出身のアメリカ人宣教師は誰か。
- [ ] 問2　1873年にフランスから招かれた法学者は，フランス法をモデルとする各種法典を起草し，1880年には刑法と治罪法（刑事訴訟法）が公布された。このフランス人法学者は誰か。
- [ ] 問3　ドイツ人顧問の助言を得て，山県有朋を中心に地方制度改革が進められ，1888年には市制・町村制が，1890年には府県制・郡制が公布された。このドイツ人顧問は誰か。
- [ ] 問4　新聞・雑誌創刊の背景には活版印刷技術の発達があったが，1869年に長崎で活版所を設立し，鉛製活字の量産技術の導入に成功したのは誰か。
- [ ] 問5　1873年に森有礼らを中心に設立された組織の雑誌で，1875年に政府の言論取り締まり強化のために停刊し，事実上の解散となった雑誌は何か。
- [ ] 問6　1892年に黒岩涙香によって創刊され，政党・財閥の腐敗を批判し，1903年10月まで反戦を主張した日刊新聞は何か。

Q? クエスチョン　ここに注意!!　近代2

Q1 保安条例で退去処分を拒否して禁錮刑に処せられたのは誰か？
→片岡健吉である（禁錮2年6ヵ月）。対象となった約570人のうち，後藤象二郎は退去名簿から削除されたので退去していない。

Q2 大日本帝国憲法では，議会の同意がなくても，予算や法律は成立することはできた。正か誤か？
→議会が同意しないと成立しなかった。

Q3 台湾総督と朝鮮総督になれる資格は？
→台湾総督は**陸海軍の大将・中将**，朝鮮総督は**陸海軍の大将**である。朝鮮では「文化政治」になって，文官でもなれると変更されたが，結局，文官で朝鮮総督になった人物はいなかった。

Q4 1890年代に主流となった紡績機は，ミュール紡績機か，リング紡績機か？
→**リング紡績機**である。ミュール紡績機よりも小型で生産性が高い。

21 大正時代

1 次のA・Bの文章を読み，下記の問いに答えよ。

（東洋大，専修大，成蹊大，明治学院大）

A．1912（大正元）年12月，陸軍の2個師団増設が財政難を理由に閣議で認められなかったことに抗議して □ A □ 陸相が単独辞任すると，(a) 当時の首相であった立憲政友会の西園寺公望は内閣の総辞職を余儀なくされ，かわって藩閥・軍部の代表者である桂太郎が内閣を組織した。これに対して，大規模な護憲運動が展開された。

　　桂太郎首相は，(b) 新政党を自ら組織して護憲運動に対抗しようとしたが，翌年2月にわずか50日あまりで退陣することとなった。

□ **問1**　空欄 □ A □ に入る人名として最も適切なものを，次の中から一つ選べ。
　① 上原勇作　　② 山梨半造　　③ 宇垣一成
　④ 石原莞爾　　⑤ 林銑十郎

□ **問2**　下線部（a）について，このときの西園寺内閣と桂内閣はそれぞれ第何次内閣であったか。組み合わせとして最も適切なものを，次の中から一つ選べ。
　① 第1次西園寺内閣・第1次桂内閣
　② 第2次西園寺内閣・第2次桂内閣
　③ 第1次西園寺内閣・第3次桂内閣
　④ 第2次西園寺内閣・第3次桂内閣
　⑤ 第1次西園寺内閣・第2次桂内閣

□ **問3**　下線部（b）について，政党名として最も適切なものを，次の中から一つ選べ。
　① 憲政会　　② 立憲同志会　　③ 社会大衆党
　④ 国民同盟　　⑤ 黎明会

B．第一次世界大戦末期に日本で発生した (c) 米騒動で (d) 寺内正毅内閣が倒れると，(e) 本格的な政党内閣である原敬内閣が誕生した。また，(f) 第一次世界大戦後の新国際秩序への対応も，日本には新しい外交経験であった。

□ **問4**　下線部（c）に関する説明として**誤っているもの**を，次の中から一つ選べ。
　① 第一次世界大戦による経済発展のなかで，米価を含む物価が上昇し下層民などの生活が困窮していた。
　② 富山県の漁村の女性による行動がきっかけとなって，米騒動は全国に拡大していった。
　③ 寺内正毅内閣は，戒厳令を布告した上で軍隊を出動させて鎮圧にあたったが，米騒動収束後に総辞職した。
　④ 米騒動をきっかけに社会運動が発展し，農民運動では1922年に日本農民

組合が結成された。

□ **問5** 下線部 (d) に関連して，寺内内閣期の政策に関して述べた文として最も適切なものを，次の中から一つ選べ。

① 袁世凱の後継者の段祺瑞を支援し，西原借款を与えた。

② 五・四運動に直面すると山東出兵を行った。

③ 第4次日露協約を結んで，満州の分割支配と日露軍事同盟を実現した。

④ 後藤新平を外相に任命して，ソ連との国交を樹立した。

□ **問6** 下線部 (e) に関連して，原内閣期の政策に関して述べた文として最も適切なものを，次の中から一つ選べ。

① ポーツマス条約を締結した。　② 朝鮮総督の資格を文官に拡大した。

③ 緊縮財政と軍縮を断行した。　④ 普通選挙法を制定した。

□ **問7** 下線部 (f) に関し，第一次世界大戦後の日本外交について述べた以下の文のうち**誤っているもの**を選べ。

① 日英同盟協約はワシントン会議の結果の一つである四カ国条約の締結とともに，廃棄された。

② 石井・ランシング協定は中国市場の門戸開放・機会均等と引き換えに，米国に日本の満州における特殊権益を容認させる内容だったが，国際協調を進める観点から廃棄された。

③ 原内閣等の政友会系内閣で外務大臣を務めた幣原喜重郎は，欧米との協調を基礎とする外交政策をとり，幣原外交を展開した。

④ 幣原喜重郎外相は日ソ基本条約を結び，シベリアからの撤兵，北樺太の石油利権の獲得などを達成した。

□ **問8** 下線部 (f) に関連して，第一次世界大戦後の陸軍と海軍の軍縮に関して述べた文として最も適切なものを，次の中から一つ選べ。

① ワシントン海軍軍縮条約は，英米日の三大海軍国の間で，すべての種類の艦船の保有限度を均等に定めた。

② 1922年，宇垣一成陸相は，約6万人を削減する大幅な軍縮を実施した。

③ 1925年，山梨半造陸相は，4個師団を削減し，陸軍は17個師団体制となった。

④ 1927年，ジュネーヴ軍縮会議が行われ，英米日の補助艦制限を議論したが実現しなかった。

□ **問9** 大正期の政治問題に関して述べた次の文ア〜ウについて，古いものから年代順に正しく配列したものを，下の①〜⑥の中から一つ選べ。

ア　山本内閣は虎の門事件で倒れた。

イ　護憲三派内閣が成立し，これ以後，衆議院の多数党の総裁が内閣を組織することが「憲政の常道」として慣例となった。

ウ　ワシントン会議の首席全権であった元海相が組閣した。

① アーイーウ　② アーウーイ　③ イーアーウ

④ イーウーア　⑤ ウーアーイ　⑥ ウーイーア

　　　　　　　　　　　　　　〔東京女子大〕

A　斯かる次第で日本は今日同盟条約の義務に依って参戦せねばならぬ立場には居ない。条文の規定が，日本の参戦を命令するやうな事態は，今日の所では未だ発生しては居ない。たゞ一は（　a　）国からの依頼に基く同盟の情誼と，一は帝国が此機会に①独逸の根拠地を東洋から一掃して，国際上に一段と地位を高めるの利益と，この二点から参戦を断行するのが機宜の良策と信ずる。

☐ 問1　空欄（　a　）にあてはまるものを，次のア～オのうちから一つ選べ。
　　ア　仏　　イ　英　　ウ　露　　エ　伊　　オ　米
☐ 問2　この演説は，時の外務大臣が行なったものだが，その時の内閣を，次のア～オのうちから一つ選べ。
　　ア　第3次桂内閣　　　イ　第1次山本内閣　　　ウ　原内閣
　　エ　第2次大隈内閣　　オ　寺内内閣
☐ 問3　下線部①に含まれる地域として正しいものを，次のア～オのうちから一つ選べ。
　　ア　福建省　　　　イ　九竜半島　　ウ　膠州湾
　　エ　旅順・大連　　オ　広州湾

B　第一条　締約国ハ本条ノ規定ニ従ヒ各自ノ海軍軍備ヲ制限スヘキコトヲ約定ス
　　第四条　各締約国ノ主力艦合計代換噸数ハ基準排水量ニ於テ合衆国五十二万五千噸，英帝国五十二万五千噸，仏蘭西国十七万五千噸，伊太利国十七万五千噸，日本国（　b　）噸ヲ超ユルコトヲ得ス

☐ 問4　空欄（　b　）にあてはまる数字を答えよ。ただし，漢数字でも算用数字でも，いずれで記してもかまわない。
☐ 問5　この条約調印に際して，日本側全権として参加した人物はだれか。正しいものを，次のア～オのうちから一つ選べ。
　　ア　若槻礼次郎　　イ　加藤友三郎　　ウ　西園寺公望
　　エ　斎藤実　　　　オ　原敬

3　下記の問いに答えよ。　　　　　　　　　　　　　〔昭和女子大，東洋大，西南学院大〕
☐ 問1　第一次大戦後の経済状況をあらわした文章として，**正しくないもの**を次の中から一つ選べ。
　　①　工業生産額が農業生産額を上回った。
　　②　猪苗代・東京間の長距離送電が成功し，工業原動力も蒸気力から電力への転換が進んだ。
　　③　第一次世界大戦後の好景気は1923年まで続いたが，関東大震災により日本経済は突如不況に見舞われた。
　　④　薬品・染料・肥料などの分野ではドイツからの輸入途絶を契機として，化

学工業が勃興した。

□ **問2** 第一次世界大戦後の市民の生活に関して述べた文として**誤っているもの**を，次の中から一つ選べ。

① 電車やバスに加え，自家用乗用車（マイカー）が交通手段の主力となった。

② 会社員・銀行員などの俸給生活者（サラリーマン）が大量に現われた。

③ タイピストや電話交換手など，職業婦人の社会進出が見られるようになった。

④ 私鉄の経営するターミナルデパートが現れた。

□ **問3** 吉野作造と民本主義について述べた文X～Zについて，その正誤の組み合わせとして最も適切なものを，次の中から一つ選べ。

　　X　東京帝国大学の吉野作造は黎明会を組織して啓蒙運動を展開し，また東大新人会の結成に影響を与えたが休職処分になった。

　　Y　民本主義はデモクラシーの訳語であったが，国民主権という意味の民主主義とは一線を画していた。

　　Z　民本主義は，明治憲法の枠内で民主主義の長所をとりいれ，普通選挙などにより民意を政治に反映させようとする主張である。

① X　誤　Y　正　Z　正　　② X　正　Y　誤　Z　正

③ X　誤　Y　誤　Z　正　　④ X　正　Y　正　Z　誤

⑤ X　誤　Y　正　Z　誤　　⑥ X　正　Y　誤　Z　誤

□ **問4** 1920年代以降の社会運動について述べた文として**不適切なもの**を，次の中から一つ選べ。

① 平塚らいてう・山川菊栄らによって，新婦人協会が結成された。

② 農村では小作料引下げをもとめる小作争議が頻繁に発生した。

③ 国際的な労働者の祭典であるメーデーが開始された。

④ 杉山元治郎・賀川豊彦らによって，日本農民組合が結成された。

⑤ 西光万吉らによって，全国水平社が結成された。

□ **問5** 1913年に，島村抱月・松井須磨子を中心に組織された演劇団体は何か。

① 芸術座　　② 自由劇場　　③ 新国劇　　④ 宝塚歌劇団

□ **問6** 二科会に参加した洋画家は誰か。

① 土方与志　　② 下村観山　　③ 梅原龍三郎　　④ 安田靫彦

□ **問7** ラジオ放送が開始されたのはいつか。

① 1918年　　② 1925年　　③ 1931年　　④ 1936年

22 昭和時代　戦前1

1　次の文章を読み，下記の問いに答えよ。
（西南学院大，京都産業大）

　a)関東大震災は未曾有の被害をもたらし，経済にも大きな打撃を与えた。震災手形の最終的処理をめぐる国会審議のさなかに，時の蔵相であった（　b　）の失言を契機に，銀行取り付け騒ぎが起きた。

　さらに鈴木商店が破産状態となり，c)これに巨額の融資を行っていた銀行も経営危機に陥った。若槻礼次郎内閣はこの銀行を救済しようとしたが果たせず総辞職に追い込まれた。代わって成立した田中義一内閣は，d)支払猶予令（モラトリアム）を発し，日銀非常貸出法を成立させてこの銀行を救済し事態を収拾した。

□ **問a**　下線部a)に関して，関東大震災が起こったのは何年か。
　　1　1919年　　2　1921年　　3　1923年　　4　1925年
□ **問b**　空欄（　b　）にあてはまる大臣を答えよ。
　　1　幣原喜重郎　　2　片岡直温　　3　石橋湛山　　4　加藤高明
□ **問c**　下線部c)に関して，この銀行はどれか。
　　1　横浜正金銀行　　　2　台湾銀行
　　3　日本勧業銀行　　　4　日本興業銀行
□ **問d**　下線部d)に関して，このときのモラトリアムの期間はどれか。
　　1　3日　　2　3週間　　3　30日　　4　3ヶ月

2　次の史料を読み，下記の問いに答えよ。
（東京女子大）

第一条　国体ヲ変革スルコトヲ目的トシテ結社ヲ組織シタル者又ハ結社ノ役員其ノ他指導者タル任務ニ従事シタル者ハ，死刑又ハ無期若ハ五年以上ノ懲役若ハ禁錮ニ処シ，情ヲ知リテ結社ニ加入シタル者又ハ結社ノ目的遂行ノ為ニスル行為ヲ為シタル者ハ，二年以上ノ有期ノ懲役又ハ禁錮ニ処ス。

□ **問1**　史料は，1925年に制定された法律が改正されたものである。この改正の年に起きた**出来事ではないもの**として，最も適するものを一つ選べ。
　　ア．男子普通選挙制度による第一回目の衆議院議員総選挙が実施された。
　　イ．日本共産党員の一斉検挙が行われ，同党の関係団体が解散させられた。
　　ウ．済南において，日本軍が国民革命軍と武力衝突を起こした。
　　エ．国家改造を目指す海軍の青年将校らが首相官邸に押し入り，首相を射殺した。
□ **問2**　この史料の改正とともに，各道府県の警察には思想犯などの取り締まりにあたる部署が設置された。この部署の略称を漢字2字で答えよ。

□ **問3** 史料の法律によって検挙された人物の一人に、『蟹工船』を著したプロレタリア作家がいる。この人物の氏名を漢字で答えよ。

□ **問4** 思想・言論の取り締まりが強化されるにしたがって、1930年代には社会主義・共産主義者がその思想を放棄する現象が多くみられた。こうした思想の放棄のことを何というか。漢字2字で答えよ。

3 次の文章A・Bを読み、下記の問いに答えよ。　　　　　　　　　（京都産業大）

A　1929年7月に成立した浜口雄幸内閣は、蔵相に井上準之助を据えた。同内閣は、(a) 金解禁と財政再建を政策目標に掲げていた。つまり、たとえ、金解禁によってデフレーションになり、(b) 財政緊縮によって一時的に経済状況が悪化したとしても、(c) 産業合理化などをおこなうことで国際競争力が向上し、金本位制の自動調整機能が発揮され、景気が回復すると予想したのである。このような想定のもと、(d) 金解禁は1930年1月に実施されたものの、その前年に起こった世界恐慌の影響をまともに受け、結果的に同内閣の経済政策は失敗に終わった。

□ **問1** 下線部（a）の金解禁に関する次の2つの説明文、X・Yの正誤の組み合わせとして正しいものを答えよ。
　　　　X：日本は、1920年代に入ってから、金本位制を停止した。
　　　　Y：旧平価による解禁は、日本経済の実勢に対し、円安であった。
　　　　1　X：正　Y：正　　　2　X：正　Y：誤
　　　　3　X：誤　Y：正　　　4　X：誤　Y：誤

□ **問2** 下線部（b）の、財政緊縮に影響したロンドン海軍軍縮条約の内容に関連して、アメリカに対する日本の補助艦の総トン数は約何％かを答えよ。
　　　　1　60%　　　2　70%　　　3　90%　　　4　100%

□ **問3** 下線部（c）の産業合理化に関する次の2つの説明文、X・Yの正誤の組み合わせとして正しいものを答えよ。
　　　　X：生産性が低い企業を整理するために実施された。
　　　　Y：労働者の労働条件が、著しく改善された。
　　　　1　X：正　Y：正　　　2　X：正　Y：誤
　　　　3　X：誤　Y：正　　　4　X：誤　Y：誤

□ **問4** 下線部（d）に関連して、金解禁と世界恐慌の影響に関する説明のうち、正しいものを答えよ。
　　　　1　全ての産業に対してカルテルを禁止した。
　　　　2　輸出が減少した。
　　　　3　金輸出再禁止を予想した財閥は円を大量に買った。
　　　　4　日本経済が不況に陥ったので、井上は緊縮財政政策を直ちに見直した。

B　1931年に (e) 犬養毅内閣が成立し、蔵相は高橋是清となり、世界恐慌からの脱出をはかるべく (f) 新たな経済政策を打ち出した。結果として、(g) 産業界は活気づいた。

□ **問5** 下線部（e）の内閣に関連した次の2つの説明文，X・Yの正誤の組み合わせとして正しいものを答えよ。

   X：金輸出再禁止を断行した。　　Y：立憲国民党内閣である。

   1　X：正　Y：正　　　　2　X：正　Y：誤
   3　X：誤　Y：正　　　　4　X：誤　Y：誤

□ **問6** 下線部（f）の新たな経済政策に関する以下の内容のうち，**誤っているもの**を答えよ。

   1　管理通貨体制の導入　　　2　円安による輸出促進
   3　公共事業による需要促進　　　4　赤字国債発行の抑制

□ **問7** 下線部（g）に関連して，経済効果に関連した次の2つの説明文，X・Yの正誤の組み合わせとして正しいものを答えよ。

   X：1930年代に，日本の綿織物の輸出が急増した。
   Y：産業構造の中心が軽工業から重化学工業へ変化した。

   1　X：正　Y：正　　　　2　X：正　Y：誤
   3　X：誤　Y：正　　　　4　X：誤　Y：誤

4　**次の文章を読み，下記の問いに答えよ。**　　　　　　　（成蹊大）

　第2次若槻礼次郎内閣の時期におこった(ア)満州事変は日本の外交的孤立を招くとともに，内政面でもさまざまの社会的変化をもたらした。

　(イ)斎藤実内閣・岡田啓介内閣は，軍部や反既成政党勢力とは一線を画した穏健派内閣であったが，二・二六事件で岡田内閣が退陣すると，後継の広田弘毅内閣は軍部大臣現役武官制を復活し，陸海軍の方針に基づいて「国策の基準」を定めるなど軍部との協調に努めた。広田内閣は，衆議院での政党側の軍部批判を不満とする陸相が解散を主張したのを契機に退陣した。

□ **問1** 満州および満州事変に関する以下の記述のうち，**誤りを含むもの**を一つ選べ。

   ①　満州とは奉天省（遼寧省とも言う）・吉林省・河北省の三省を言う。
   ②　中国国民党の国民革命軍に張作霖が敗北すると，関東軍は満州に帰還途上の張作霖を奉天郊外で爆殺した。
   ③　関東軍の参謀であった石原莞爾は，日米両国間で「世界最終戦争」が戦われるとの予言をしていた。
   ④　米国は満州国建国に至る日本の行動を承認せず，国際連盟はイギリスのリットンを団長とする調査団を派遣した。
   ⑤　リットン調査団報告書に基づき，国際連盟総会は日本に満州国承認の撤回を求める勧告案を可決した。

□ **問2** 満州事変に前後して，日本では国家改造を唱える軍人や右翼による各種の事件が続発した。次の諸事件を古いものから時間順にならべたもののうち，順序の正しいものはどれか。

   ①　浜口首相狙撃事件→三月事件→十月事件→血盟団事件→五・一五事件

② 三月事件→五・一五事件→浜口首相狙撃事件→十月事件→血盟団事件
③ 三月事件→五・一五事件→十月事件→血盟団事件→浜口首相狙撃事件
④ 五・一五事件→三月事件→十月事件→血盟団事件→浜口首相狙撃事件
⑤ 十月事件→三月事件→五・一五事件→血盟団事件→浜口首相狙撃事件

☐ **問3** 下線部（ア）に関連する以下の記述のうち，**誤りを含むもの**を一つ選べ。

① 関東軍は1931年9月に南満州鉄道の線路を爆破し，これを中国軍のしわざとして軍事行動を開始した。

② 清朝最後の皇帝であった溥儀を執政として，1932年には「満州国」の建国が宣言された。

③ 塘沽停戦協定の締結により，中国軍と日本軍の間に非武装地帯を設定するなどして，満州事変自体は終息した。

④ 大河内正敏の率いる日産コンツェルンは満州に進出し，満州の重化学工業を独占的に支配するに至った。

⑤ 日本国内ではナショナリズムが高揚し，国家による弾圧もあって，社会主義者や共産主義者が大量に思想を変えた。

☐ **問4** 下線部（イ）に関連する以下の記述のうち，**誤っているもの**を一つ選べ。

① 陸軍省は「国防の本義と其強化の提唱」を発行し，政治・経済運営に介入する姿勢を見せた。

② 貴族院では軍部出身の一議員が美濃部達吉の天皇機関説を反国体的と激しく非難した。

③ 陸軍内部で皇道派と激しい派閥抗争を演じた統制派は二・二六事件で弱体化し，皇道派を中心とする陸軍の政治介入はさらに激化した。

④ 広田内閣の定めた「国策の基準」は，陸軍の北進論（対ソ戦略を重視）と海軍の南進論（南洋諸島・東南アジアへの進出を重視）を折衷した妥協策であった。

⑤ 軍部大臣の任用範囲は，山本権兵衛内閣の際の改正により，予備役・後備役の大将・中将まで拡大されていた。

4章

近代

✓ **大正〜昭和期の国際会議**

年代	国際会議	提唱者	内閣	全権（首席）
1921〜22	ワシントン会議	ハーディング	高橋是清	加藤友三郎
1927	ジュネーブ（海軍）軍縮会議	クーリッジ	田中義一	斎藤実
1928	不戦条約	ケロッグ・ブリアン	田中義一	内田康哉
1930	ロンドン海軍軍縮会議	マクドナルド	浜口雄幸	若槻礼次郎

23 昭和時代　戦前2

1　**次の文章を読み，下記の問いに答えよ。**　　　　　　（西南学院大，龍谷大）

1) <u>　ア　</u>年7月7日，2) <u>日中両国軍の衝突事件</u>を契機として日中戦争が始まると，政府は軍需生産を優先するための3) <u>経済統制</u>を強化した。4) <u>一般国民が軍需産業に動員されていく</u>一方，5) <u>中国での戦闘は，日本側の予想を超えて全面戦争に発展していった。</u>

　軍需産業を中心に重化学工業の比重が高まり，6) <u>満州・朝鮮の重化学工業化</u>も進展した。他方で，民需品の生産や輸入は厳しく制限されたため，生活必需品は欠乏し，値上がりが進行した。そこで政府は公定価格制を導入するとともに，1940年からは砂糖・マッチの7) <u>　イ　</u>を開始し，その後，衣料などへも　イ　を拡大した。しかし，公定価格以外の値段での取引が横行し，配給も日ごとに劣悪となっていった。このように戦時体制が形成されていくなか，8) <u>思想弾圧は厳しくなっていき</u>，国民生活は悪化の一途をたどった。

☐ **問1**　下線部1) に関して，　ア　に当てはまる数字は何か。西暦で答えよ。

☐ **問2**　下線部2) に関して，この事件を何というか，次の中から1つ選べ。
　　① 西安事件　　　② 上海事変　　　③ 柳条湖事件
　　④ 張鼓峰事件　　⑤ 盧溝橋事件

☐ **問3**　下線部3) に関して，　ア　年10月に設置され，その後に物資動員計画などを立案し，経済統制の際に中心的な役割を果たした内閣直属機関は何か。

☐ **問4**　下線部4) に関して，軍需を中心とした重要産業に，一般国民を強制的に就労させることを目的として，1939年7月に公布された勅令は何か。

☐ **問5**　下線部5) に関連する出来事（a〜d）を，古いものから並べるとどうなるか，適切なものを次の中から1つ選べ。
　　a. 汪兆銘を首班とする新国民政府の樹立
　　b. 第2次国共合作の成立
　　c. 日本軍による南京占領
　　d. 近衛首相による東亜新秩序建設の声明発表
　　① b→d→a→c　　② b→d→c→a
　　③ b→c→d→a　　④ c→b→d→a
　　⑤ c→d→b→a　　⑥ c→a→b→d

☐ **問6**　下線部6) に関して，日産自動車，日立製作所などからなる日産コンツェルンを結成し，さらに満州重工業開発会社を設立した人物は誰か。

☐ **問7**　下線部7) に関して，　イ　に当てはまる配給統制（配給制）の典型的方法は何か。漢字3字で答えよ。

□ **問8**　下線部8) に関して述べた次の文X・Yについて，その正誤の組み合わせとして，適切なものを次の中から1つ選べ。

　　　X　美濃部達吉東京帝国大学教授が，政府の大陸政策を批判したことで職を追われた。

　　　Y　大内兵衛東京帝国大学教授らが，人民戦線結成をはかったとして検挙された。

　　① X＝正　Y＝正　　② X＝正　Y＝誤

　　③ X＝誤　Y＝正　　④ X＝誤　Y＝誤

2　**次の史料を読み，下記の問いに答えよ。**　　　　　　　　　　（東京女子大）

第一条　①本法ニ於テ国家総動員トハ戦時（戦争ニ準ズベキ事変ノ場合ヲ含ム以下之ニ同ジ）ニ際シ国防目的達成ノ為，国ノ全力ヲ最モ有効ニ発揮セシムル様，人的及物的資源ヲ統制運用スルヲ謂フ

第四条　政府ハ戦時ニ際シ国家総動員上必要アルトキハ，〔　a　〕ノ定ムル所ニ依リ，帝国臣民ヲ徴用シテ総動員業務ニ従事セシムルコトヲ得，但シ兵役法ノ適用ヲ妨ゲズ

第六条　政府ハ戦時ニ際シ国家総動員上必要アルトキハ，〔　a　〕ノ定ムル所ニ依リ，従業者ノ使用，雇入若ハ解雇，又ハ賃金，其ノ他ノ労働条件ニ付必要ナル命令ヲ為スコトヲ得

□ **問1**　下線部①の「本法」制定以前の出来事として正しいものを，次のア〜オのうちから1つ選べ。

　　ア　ノモンハン事件　　イ　大政翼賛会成立　　　ウ　独ソ不可侵条約締結

　　エ　北部仏印進駐　　オ　日独防共協定締結

□ **問2**　空欄〔　a　〕にあてはまるものを，次のア〜オのうちから1つ選べ。

　　ア　憲法　　イ　法律　　ウ　勅令　　エ　政令　　オ　条約

3　**次の（1）の史料と（2）の文章を読み，下記の問いに答えよ。**　　（龍谷大）

（1）　[1]日本国，独逸国及伊太利国間三国条約

　第一条　日本国ハ，[2]独逸国及伊太利国ノ欧州ニ於ケル新秩序建設ニ関シ，指導的地位ヲ認メ且之ヲ尊重ス

　第二条　独逸国及伊太利国ハ，[3]日本国ノ大東亜ニ於ケル新秩序建設ニ関シ，指導的地位ヲ認メ且之ヲ尊重ス

　第三条　日本国，独逸国及伊太利国ハ，前記ノ方針ニ基ク努力ニ付相互ニ協力スヘキコトヲ約ス。更ニ三締約国中何レカノ一国カ，[4]現ニ欧州戦争又ハ日支紛争ニ参入シ居ラサル一国ニ依テ攻撃セラレタルトキハ，三国ハ有ラユル政治的，経済的及軍事的方法ニ依リ相互ニ援助スヘキコトヲ約ス

□ **問1** 下線部［1］に関して，この条約を締結した第2次近衛文麿内閣の外相であった人物として適切なものを，次の中から1つ選べ。

① 犬養毅　　② 重光葵　　③ 松岡洋右

④ 幣原喜重郎　　⑤ 野村吉三郎

□ **問2** 下線部［2］に関連して，この頃の欧州情勢について述べた次の文X・Yについて，その正誤の組み合わせとして適切なものを，次の中から1つ選べ。

X　ドイツのポーランド侵攻によって，第二次世界大戦が勃発した。

Y　イタリアが，ソ連を奇襲攻撃した。

① X＝正　Y＝正　　② X＝正　Y＝誤

③ X＝誤　Y＝正　　④ X＝誤　Y＝誤

□ **問3** 下線部［3］に関連して述べた次の文の空欄　　A　・　　B　にあてはまる語句の組み合わせとして適切なものを，次の中から1つ選べ。

1940年に　A　を中心とする新国民政府が　B　に樹立された。

① A＝張学良　B＝北　京　　② A＝汪兆銘　B＝北　京

③ A＝張作霖　B＝上　海　　④ A＝張学良　B＝上　海

⑤ A＝汪兆銘　B＝南　京　　⑥ A＝張作霖　B＝南　京

□ **問4** 下線部［4］に関して，ここで仮想敵国とされている国として，適切なものを次の中から1つ選べ。

① イギリス　　② アメリカ　　③ フランス

④ ソ連　　⑤ オランダ

（2）　［5］太平洋戦争が勃発すると，政府は軍需生産を最優先する政策をとり，民需生産の工場では金属回収のために設備が壊され，兵器・船舶・航空機などの軍需生産にあてられるようになった。戦争の拡大にともなって兵力の動員が激しさを増したため，［6］生産に必要な労働力が国内で絶対的に不足した。労働力不足の下で，軍需生産が最優先されたため，［7］生活必需品が不足し，なかでも米などの食糧生産が大幅に低下した。また，戦局が悪化するにつれて，［8］南方からの輸送船がつぎつぎと撃沈され，鉄鉱石・石炭・石油などの軍需物資が欠乏した。

戦争遂行のために必要な巨額の軍事費は，主に増税と赤字国債の発行によって賄われたが，その負担は，食糧生産の低下と相まって，国民生活を著しく圧迫した。［9］　ア　の陥落以降，アメリカ軍による本土への空襲が激しくなると，それに備えて疎開がおこなわれるようになり，国民生活はますます窮迫したものとなった。さらに，空襲によって多数の犠牲者や被災者が出たことで，国民は戦意を喪失し，厭戦気分がひろがっていった。

□ **問5** 下線部［5］に関連して，この時の内閣の首班であった人物として，適切なものを次の中から1つ選べ。

① 鈴木貫太郎　　② 近衛文麿　　③ 小磯国昭

④ 米内光政　　⑤ 東条英機

□ **問6** 下線部［6］に関連して述べた次の文X・Yについて，その正誤の組み合わせ
として，適切なものを次の中から1つ選べ。

X 中等学校程度以上の学生・生徒を軍需工場などで働かせた。

Y 朝鮮人や中国人を日本本土などに強制連行し，鉱山での労働や土木工事な
どに従事させた。

① X＝正 Y＝正 ② X＝正 Y＝誤
③ X＝誤 Y＝正 ④ X＝誤 Y＝誤

□ **問7** 下線部［7］に関連する記述として，**不適切な**ものを次の中から1つ選べ。

① 衣料に切符制が適用された。
② 政府によって，米が農家から強制的に買い上げられた。
③ 食糧管理法によって，米に関する統制がはじめられた。
④ 政府によって，国民は消費の切り詰めを強いられた。

□ **問8** 下線部［8］に関連して述べた次の文X・Yについて，その正誤の組み合わせ
として，適切なものを次の中から1つ選べ。

X 大東亜共栄圏には南方が含まれていなかった。

Y 日本の北部仏印進駐に対して，アメリカは対日石油輸出の禁止を決定した。

① X＝正 Y＝正 ② X＝正 Y＝誤
③ X＝誤 Y＝正 ④ X＝誤 Y＝誤

□ **問9** 空欄 ［ ア ］ にあてはまる語句として，適切なものを次の中から1つ選べ。

① ガダルカナル島 ② マレー半島 ③ サイパン島
④ ミッドウェー島 ⑤ 硫黄島

□ **問10** 下線部［9］に関して述べた次の文X・Yについて，その正誤の組み合わせと
して，適切なものを次の中から1つ選べ。

X 東京大空襲では，B29爆撃機によって焼夷弾の投下攻撃がおこなわれた。

Y 学童の疎開は，縁故疎開だけでなく，集団疎開もおこなわれるようになっ
た。

① X＝正 Y＝正 ② X＝正 Y＝誤
③ X＝誤 Y＝正 ④ X＝誤 Y＝誤

クエスチョン ここに注意!! 近代3

Q1 治安維持法はどう改正されたのか？

→1925年に①**加藤高明内閣**で成立。**最高刑は10年以下の懲役または禁
錮**。1928年に**田中義一内閣**で改正され，最高刑に**死刑・無期**が追加され，
1941年に②**近衛文麿内閣**で再改正され，**予防拘禁制**が追加された。

Q2 1940年から行われた米の強制的買上げ制度は配給制という。正か誤か？

→**供出制**という。また，生活必需品の統制では，砂糖やマッチは**切符制**
になり，米は家族数に応じた**配給制**がとられた。

24 昭和時代　戦後1

1　次の文章を読み，下記の問いに答えよ。　　　　　　　　　　（東洋大，専修大）

　戦後の日本では，(a) 連合国軍最高司令官総司令部（GHQ）の占領下，非軍事化・民主化を掲げた (b) 占領政策が進められた。憲法については，GHQが改正草案を提示し，これをもとにした (c) 日本国憲法が公布，施行された。新憲法にもとづいて，(d) 民法が改正されたほか，地方自治法，労働基準法，警察法などがつぎつぎと制定された。

□**問1**　下線部（a）に関連して，占領期における統治について述べた文として最も適切なものを，次の中から一つ選べ。

① 統治の方法は，同じ敗戦国であったドイツの場合と全く同じであった。

② アメリカ・イギリス・フランスなどの連合国による対日占領政策決定の最高機関として，東京に極東委員会が置かれた。

③ アメリカの権限は強く，緊急時には極東委員会の決定を待たずに「中間指令」を出すことができた。

④ 間接統治であったため，占領軍の日本政府に対する要求は，日本の国会による法律の制定を待って実施に移された。

⑤ 最高司令官の諮問機関である対日理事会が東京に設置され，アメリカ・イギリス・フランス・ソ連の代表で構成された。

□**問2**　下線部（b）に関連して述べた文として最も適切なものを，次の中から一つ選べ。

① 三井・三菱などの財閥の資産を凍結し，国営企業化した。

② 独占禁止法が制定され，市場の独占を監視する組織として公正取引委員会が設置された。

③ 労働者を保護するため，労働組合法，労働契約法，労働基本法の3法を制定した。

④ 農地改革を実施し，国内地主が所有する全小作地の強制買い上げ・売り渡しを行った。

□**問3**　下線部（c）に関連して，新憲法制定について述べた文として最も適切なものを，次の中から一つ選べ。

① 1945年10月，東久邇宮稔彦内閣はGHQに憲法改正を指示され，憲法問題調査委員会を政府内に設置した。

② 憲法問題調査委員会の作成した改正試案は，天皇制を否定する急進的なものであった。

③ GHQは憲法問題調査委員会の改正試案をおおむね了承したが，吉田茂らの反対にあい，改正試案の変更を余儀なくされた。

④　新憲法制定は，大日本帝国憲法を改正する形式をとり，改正案は衆議院と
貴族院で修正可決された。
⑤　日本国憲法は，1947年5月3日に公布された。

☐ **問4**　下線部（d）に関連して，占領下で改正・制定された女性の権利に関わる法
律について述べた次の文 ⅰ～ⅲ について，古いものから年代順に正しく配列した
ものを，下の①～⑥の中から一つ選べ。

ⅰ. 衆議院議員選挙法が改正され，婦人参政権が認められた。
ⅱ. 民法が改正され，婚姻・家族関係における男性優位の諸規定が廃止された。
ⅲ. 家族生活における男女平等を規定した条文を含む，日本国憲法が公布され
た。

①　ⅰ—ⅱ—ⅲ　　②　ⅰ—ⅲ—ⅱ　　③　ⅱ—ⅰ—ⅲ
④　ⅱ—ⅲ—ⅰ　　⑤　ⅲ—ⅰ—ⅱ　　⑥　ⅲ—ⅱ—ⅰ

2　次の文章を読み，下記の問いに答えよ。　　　　　　　　　　（東洋大）

第二次世界大戦後の日本は，経済が崩壊する一方，激しいインフレーションに見
舞われていた。政府は (a) 傾斜生産方式などの生産回復策とともに， (b) インフレー
ション対策を実施したが，鉱工業生産が戦前の水準（1934～36年平均）に回復し
たのは，朝鮮戦争勃発後の1951年のことであった。

☐ **問1**　下線部（a）に関連して，政府が資材と資金を集中させた重要産業部門の組
み合わせとして，最も適切なものを，次の中から一つ選べ。

①　石炭—石油　　②　石油—自動車　　③　石炭—自動車
④　石炭—鉄鋼　　⑤　石油—鉄鋼

☐ **問2**　下線部（b）に関連して，Ⅰ～Ⅲの対策について，時代の早いものから順に
正しく配列されているものを，次の中から一つ選べ。

Ⅰ　ドッジ＝ラインによる緊縮財政の実施
Ⅱ　経済安定九原則の指令
Ⅲ　金融緊急措置令の実施

①　Ⅰ→Ⅱ→Ⅲ　　②　Ⅰ→Ⅲ→Ⅱ　　③　Ⅱ→Ⅰ→Ⅲ
④　Ⅱ→Ⅲ→Ⅰ　　⑤　Ⅲ→Ⅰ→Ⅱ　　⑥　Ⅲ→Ⅱ→Ⅰ

3　次の史料を読み，下記の問いに答えよ。　　　　　　　　　　（東洋大）

第二条
（a）　日本国は， ⅰ朝鮮の独立を承認して，済州島，巨文島及び欝陵島を含む朝
鮮に対するすべての権利，権原及び請求権を放棄する。
（b）　日本国は，台湾及び（　ア　）に対するすべての権利，権原及び請求権を
放棄する。

ⅱ第六条
（a）　連合国のすべての占領軍は，この条約の効力発生の後なるべくすみやかに

……日本国から撤退しなければならない。但し，この規定は……協定に基く……外国軍隊の日本国の領域における駐とん又は駐留を妨げるものではない。

□ **問1** 空欄（　ア　）に入る地名として最も適切なものを，次の中から一つ選べ。
① 南洋諸島　　② 澎湖諸島　　③ 奄美諸島
④ 琉球諸島　　⑤ 小笠原諸島

□ **問2** 下線部ⅰの地域に関連して述べた文として**不適切なもの**を，次の中から一つ選べ。
① 1950年に朝鮮戦争がはじまり，アメリカ軍を主力とする国連軍，中国人民義勇軍，およびソ連軍も参戦した。
② 日本の敗戦によって，朝鮮半島は北緯38度線を境に，北はソ連軍，南はアメリカ軍によって分割占領された。
③ 1948年に，大韓民国が李承晩を大統領として，朝鮮民主主義人民共和国が金日成を首相として誕生し，分断が固定化された。
④ 1964年に発足した佐藤栄作内閣は，翌年日韓基本条約を結んで国交を樹立し，大韓民国を朝鮮半島にある唯一の合法的な政府と認めた。
⑤ 朝鮮戦争勃発の翌年に休戦会談がはじまり，1953年には板門店で休戦協定が調印された。

□ **問3** 下線部ⅱの条項にもとづいて，日米安全保障条約が調印された。この安保条約，および1960年に改定された新安保条約に関連して述べた文X〜Zについて，その正誤の組み合わせとして最も適切なものを，次の中から一つ選べ。
X 安保条約は1960年に改定され，日本民主党の岸信介内閣のもとで，新安保条約が調印された。
Y 安保条約の調印と同時に，日本が駐留軍に基地（施設・区域）を提供し，駐留費用を分担することを定めた日米行政協定が締結された。
Z 新安保条約が調印されると反対運動が高揚し，大規模なデモがくり返されたが，条約は参議院の承認をえないまま自然成立し内閣は総辞職した。
① X 誤 Y 正 Z 正　　② X 正 Y 誤 Z 正
③ X 誤 Y 誤 Z 正　　④ X 正 Y 正 Z 誤
⑤ X 誤 Y 正 Z 誤　　⑥ X 正 Y 誤 Z 誤

4 次の設問に答えよ。　　　　　　　　　　　　　　（東京女子大，明治学院大）

□ **問1** 「戦争犯罪人」に関する説明として正しいものを，次のうちから一つ選べ。
① 「平和に対する罪」に問われたA級戦犯容疑者は，ワシントンに移され裁判を受けることとなった。
② A級戦犯容疑者のうち，岸信介や東条英機らは死刑判決を受けたがのちに釈放された。

③ 捕虜虐待などの罪に問われたBC級戦犯容疑者は，東京に移され裁判を受けることとなった。

④ BC級戦犯容疑者のうち，900人以上が死刑判決を受けた。

□ **問2** 戦後の労働運動に関するア・イの説明について，その正誤の組合せとして適切なものを，下のうちから一つ選べ。

ア．1945年には労働組合法が制定され，その翌年には労働組合の全国組織として日本労働組合総同盟などが結成された。

イ．官公庁労働者を中心に吉田茂内閣打倒をめざして1947年2月1日にゼネストを行うことが計画されたが，GHQの指令で中止された。

① ア―正，イ―正　　② ア―正，イ―誤

③ ア―誤，イ―正　　④ ア―誤，イ―誤

□ **問3** サンフランシスコ講和会議に招かれたにもかかわらず出席しなかった国として**適切でないもの**を，次のうちから一つ選べ。

① ビルマ　　② インド　　③ 中華民国　　④ ユーゴスラビア

□ **問4** 日本が1952年に加盟し，1964年に国際収支を理由とした為替管理を行ってはならないことが義務付けられることとなった国際金融システムがあるが，それを何というか。アルファベットで答えよ。

□ **問5** 独立後の政治状況に関する説明として適切なものを，次のうちから一つ選べ。

① 日米間でMSA協定が締結され，それに基づいて保安庁が設置され，警察予備隊は保安隊に改組された。

② いわゆる血のメーデー事件を契機に，破壊活動防止法が制定されて公安調査庁が設置された。

③ 1954年に公布された教育二法によって，教育委員が公選制から任命制に変更されるとともに，公立学校教員の政治活動が禁止された。

④ 三鷹事件や松川事件などを背景に国家公務員法が改正され，官公庁労働者のストライキ禁止が明記された。

□ **問6** 次の①〜④に条文の一部を引用した条約・協定・宣言・声明のうちから，鳩山内閣の時代に調印されたものとして適切なものを，一つ選べ。

① 千九百十年八月二十二日以前に大日本帝国と大韓帝国との間で締結されたすべての条約及び協定は，もはや無効であることが確認される。

② 日本国政府は，中華人民共和国政府が中国の唯一の合法政府であることを承認する。

③ ソヴィエト社会主義共和国連邦は，国際連合への加入に関する日本国の申請を支持するものとする。

④ アメリカ合衆国は，2に定義する琉球諸島及び大東諸島に関し…すべての権利及び利益を，この協定の効力発生の日から日本国のために放棄する。

25 昭和・平成時代　戦後2

1　次の文章を読み，下記の問いに答えよ。　　　　　　　　（京都産業大）

　1950年代後半から70年代前半の日本は_a好景気が繰り返しやってくる時代であった。1950年代後半以降の高度成長を支える政策について，まず産業政策の動向をみてみると，_b重化学工業に特に重点を置いていることが明らかである。つぎに経済政策においては，1960年に，（　c　）内閣は所得倍増のスローガンのもと，経済成長率をより高いレベルで上昇させようとした。このような政策の推進と同時に，実質的な円安を背景に_d貿易の自由化を進めていった。

☐ **問1**　下線部aについて，古い年代順に正しく並んでいるものを答えよ。
　　① 岩戸景気　→　神武景気　→　いざなぎ景気
　　② 岩戸景気　→　いざなぎ景気　→　神武景気
　　③ 神武景気　→　岩戸景気　→　いざなぎ景気
　　④ 神武景気　→　いざなぎ景気　→　岩戸景気

☐ **問2**　下線部bについて，この時期の**重点産業ではないもの**を答えよ。
　　① 化学　　② 鉄鋼　　③ 造船　　④ 石炭

☐ **問3**　空欄（　c　）にあてはまる人物名を答えよ。
　　① 池田勇人　　② 田中角栄　　③ 岸信介　　④ 佐藤栄作

☐ **問4**　下線部dの貿易の自由化に関連した説明のうち，正しいものを答えよ。
　　① 日本は1964年にIMF8条国に移行した。
　　② 1949年当時の為替レートは1ドル240円であった。
　　③ 1960年代後半より為替相場が需給関係に応じて自由に変動する体制に移行した。
　　④ この時期の日本は資本の自由化が進まなかった。

2　次の文章を読み，下記の問いに答えよ。　　　　　　　　（専修大）

　1970年代は，戦後日本社会が大きな転換を迎えた時期であった。とりわけ_(a)1973年の第1次石油ショックが契機となり，高度経済成長が終わった。その後，_(b)日本経済は安定成長の時代に入ったが，新たな課題に直面するようになった。

☐ **問1**　下線部（a）に関連して，この前後に起きたできごとについて述べた次の文 ⅰ〜ⅲについて，古いものから年代順に正しく配列したものを，下の①〜⑥のうちから一つ選べ。

ⅰ.「日本列島改造論」を掲げる田中角栄が，首相に就任した。

ⅱ.第4次中東戦争が勃発した。

ⅲ.ニクソン大統領が金とドルの交換停止を発表した。

① ⅰ—ⅱ—ⅲ　　② ⅰ—ⅲ—ⅱ　　③ ⅱ—ⅰ—ⅲ

④ ⅱ—ⅲ—ⅰ　　⑤ ⅲ—ⅰ—ⅱ　　⑥ ⅲ—ⅱ—ⅰ

□ **問2**　下線部（b）に関連して，この時期の日本経済の状況について述べた文として最も適切なものを，次の①〜④のうちから一つ選べ。

① 対米貿易赤字が拡大して貿易摩擦が激化し，アメリカから内需の拡大や農産物の輸入が求められるようになった。

② 大企業を中心に人員削減などの「減量経営」が進められたが，労働組合は賃金抑制には非協力的な態度をとった。

③ ME技術を駆使して，工場やオフィスの自動化を進めた。

④ 軽薄短小型産業中心から重厚長大型産業中心の産業構造へと転換した。

3　**次の設問に答えよ。**　　　　　　　　　　　　　　　　　　（成蹊大）

□ **問1**　1980年代におきた出来事として，**誤りを含むもの**はどれか。

① 円高の影響もあって，日本の一人当たり国民所得（ドル表示）はアメリカを追い抜いた。

② 開発途上国に対する政府開発援助（ODA）の供与額が世界最大規模となった。

③ 日本の対米貿易黒字が激増したため，アメリカは自動車など輸出自主規制を求め，農産物の輸入自由化をせまった。

④ 労働組合の再編が進み，全日本民間労働組合連合会が発足すると，総評も解散して合流し，日本労働組合総連合会（連合）となった。

⑤ 日中共同声明発表後遅れていた日中平和友好条約が締結された。

□ **問2**　1990年代の政治に関する事項を正しく年代順に並べたものはどれか。

a 「周辺事態」のさいの「日米防衛協力のための指針」の実行を保障するための「周辺事態法」が，野党の強い反対を押しきって成立した。

b 続発する地域紛争に国連平和維持活動（PKO）で対応する「PKO協力法」が成立し，自衛隊の海外派遣が可能となった。

c 社会党は党の基本路線を大はばに変更して自衛隊を容認した。

d 安保体制がアジア太平洋地域における地域紛争への日米共同対処という性格を強める「日米安保共同宣言」が，橋本首相とクリントン大統領によって発表された。

① a→b→c→d　　② b→c→d→a　　③ c→b→d→a

④ d→b→c→a　　⑤ b→d→a→c

大学入試 全レベル問題集

日本史

［日本史探究］

3 私大標準レベル

新装新版

Obunsha

目　次

1　旧石器時代〜弥生時代

問題：本冊 p.8

1 問1 ⑦　問2 ⑦　問3 ⑦　問4 ⑨　問5 ⑨　問6 ⑦
　　問7 ⑦　問8 ⑨

2 問1 ②　問2 ①　問3 ①　問4 ②　問5 ②　問6 ①

3 問1 ④　問2 ④　問3 ④　問4 ②　問5 ア　親魏倭王
　イ　壱〔壹〕与〔台与〕　ウ　洛陽　問6　鬼道　問7　楽浪

解説

1 **問1** ⑦（ナイフ形石器）…⑦は打製石斧，⑨は石棒，⑨は石鏃（矢じり）。⑨と⑨はともに完新世の縄文時代の習俗や道具である。旧石器時代や縄文時代の石器などの道具は，必ず教科書などで，写真での確認が必要！

問2 ⑦…平底・丸底・尖底などの**深鉢形土器**が多く作られた。縄文時代の全期間を通じて深鉢形が主流。ろくろや窯は須恵器が作られる古墳時代から，釉薬は奈良三彩など奈良時代頃から始まったと考えられている。

問3 ⑨…**抜歯**や**屈葬**が縄文時代を特徴づけるキー・ワード。⑦・⑦・⑨は，すべて弥生時代の事項。

👆私大標準よく出るポイント　縄文社会と弥生社会の相違は墓がポイント

縄文社会…共同墓地で副葬品がない→身分の上下関係や貧富の差はなかった
弥生社会…個人墓や副葬品をもつ墓が出現→貧富の差や強力な支配者が出現
　墓は地域別に覚える。北九州：支石墓と甕棺墓
　北九州を含む西日本：箱式石棺墓と墳丘墓　近畿中心：方形周溝墓

問4 ⑨（A−和田峠　B−黒曜石）…和田峠（長野）は**十勝岳・白滝**（北海道），**神津島**（東京），**阿蘇山**（熊本）などとともに黒曜石の有名な産地。ひすいは**姫川**（新潟），サヌカイトは**二上山**（大阪・奈良）が有名。分布状況から遠方との交易がわかる。

問5 ⑨…初期の農業は**湿田中心**で**直播**，後期の農業は**灌漑施設**を伴う**乾田と田植え**という特徴がわかれば易しい。残りは正文。

問6 ⑦（石包丁）…これは簡単。⑦は尖頭器，⑨は銛（骨角器），⑨は石皿とすり石。やはり，写真での確認が必要！

問7 ⑦…Xは正文，Yの登呂遺跡は高地性集落ではない。

問8 ⑨…図式的には，縄文＝**屈葬**，弥生から＝**伸展葬**。⑦−石皿，石匙が間違い。石匙は動物の皮をはぐ道具。⑦−磨製石器は縄文から使用。旧石器＝打製石器，縄文＝打製石器＋磨製石器という理解。⑨−青銅器は，日本では武器でなく祭器であった。⑦−弥生文化は北海道だけでなく，沖縄など南西諸島にも及ばなかった。沖縄では「**貝塚文化**」が続いた。

2 **問1** ②…石包丁はその代表例。①−水田はむしろ一辺数m程度の小区画のものが多かった。③−青銅器でなく鉄器。例えば，刀子や鉄斧など。④−これは鉄製祭器ではなく，銅鐸・銅剣・銅矛などの青銅製祭器。

(難) **問2** ①（砂沢遺跡）…弥生前期・青森県とくれば**砂沢遺跡**！ ④の垂柳遺跡も青森県だが，弥生中期の遺跡。②は難しい！ 宮城県にある弥生〜古墳時代の遺跡，③は神奈川県にある環濠集落の遺跡。

(難) **問3** ①（池上・曽根遺跡）…池上・曽根遺跡は大阪府にある大環濠集落。②唐古・鍵遺跡（奈良）と④朝日遺跡（愛知）も環濠集落，③妻木晩田遺跡（鳥取）は国内最大級の弥生遺跡。

問4 ②（高地性集落）…丘陵上が重要なヒント。**高地性集落**や**環濠集落**は，余剰生産物等をめぐる争いの中で出現した集落，とおさえることが必要。

問5 ②（甕棺墓）…リード文から小国の首長の墓だとわかる。そうすると②かな，と想像がつく。①の支石墓は支石の下に甕棺や箱式石棺などの埋葬施設があるので，銅鏡が副葬されるのは甕棺（墓）の中になる。須玖岡本遺跡（福岡）は前漢の銅鏡約30面が出土した奴国の王墓と考えられている墓。

問6 ①（前漢）…これは弥生中期とあるのがヒント。この時期が前漢の時代。

3 **問1** ④…福岡市**志賀島**から「**漢委奴国王**」の**金印**が発見されたので易しい。

問2 ④（光武帝）…**光武帝**が奴国の使者に印綬を賜った。①の武帝ではない。

問3 ④（紫雲出山遺跡）…高地性集落といえば，香川県の**紫雲出山遺跡**。

☝ **私大標準よく出るポイント** ▶▶ 環濠集落と高地性集落の遺跡

環濠集落…吉野ヶ里（佐賀），唐古・鍵（奈良），大塚（神奈川），板付（福岡）
池上曽根（大阪），原の辻（長崎）の各遺跡

高地性集落…紫雲出山遺跡（香川）

問4 ②…邪馬台国では**大人**と**下戸**の身分差があった。①−名代・子代はヤマト政権の時代。③−「魏志」倭人伝には，男子はみな顔や体に入れ墨をしていると書かれている。法を犯した者は奴隷の身分に落とすとある。④−市には大倭という役人が置かれ，監督していた。一大率は諸国を監視する検察官である。

問5 ア **親魏倭王**…卑弥呼は**帯方郡**を通じて魏に使者難升米を送り，**親魏倭王**の称号，金印紫綬，**銅鏡100枚**を賜わったという。なお，この時の銅鏡は記録にはないが，「**三角縁神獣鏡**」ではないかと考えられている。

イ 壱〔壹〕与〔台与〕…史料では「**宗女**」（一族の女性）となっている。

(難) ウ 洛陽…魏も西晋も都は洛陽。ちょっと難しい。長安ではない。

問6 鬼道…卑弥呼は呪術（＝**鬼道**）的権威を背景に政治を行った。

問7 楽浪…Cの史料は『漢書』地理志なので，**楽浪**（郡）が入る。

> **1** A 箸墓 B 江田船山 C 帝紀 D 群集墳
> 問1 え 問2 い 問3 う 問4 う
> **2** 問1 ④ 問2 ① 問3 ②

解説

1 A 箸墓…出現期の前方後円墳で最大のものといえば，**箸墓古墳**（奈良県桜井市）である。出現期古墳では，最も有名な古墳で，邪馬台国や初期ヤマト政権との関係が注目されている古墳である。

B 江田船山…ワカタケル大王の銘文がある大刀が出土したのは，熊本県の**江田船山古墳**である。参考までに，埼玉県の稲荷山古墳出土の鉄剣は「獲加多支鹵大王」と文字が読めるが，江田船山古墳の場合は，「獲□□□鹵大王」と一部文字が判読できない。この違いから，稲荷山古墳と江田船山古墳を区別できる。もちろん，鉄剣と大刀（鉄刀）でも区別できる。

C 帝紀…大王の系譜とあるので，「帝紀」。古代の神話・伝承の記録である「旧辞」とともに『古事記』・『日本書紀』の編纂材料となった。

D 群集墳…6世紀，小型の古墳がヒントになるので，これは**群集墳**。近畿地方に一部前方後円墳はみられるが，後期古墳の代表は群集墳である。その代表例は，新沢千塚古墳群（奈良）や岩橋千塚古墳群（和歌山）である。

問1 え…前期古墳の副葬品には，銅鏡が多くみられる。とくに，卑弥呼が魏の皇帝から賜ったとされる**三角縁神獣鏡**は重要。あ−前方後円墳の埋葬施設は前方部でなく後円部に設けられた。なお，埋葬施設という意味は遺体や棺を納めるところで，古墳全体を指すものではない。い−前期の埋葬施設は**竪穴式石室**であるが，中期でも同じく竪穴式石室である。**横穴式石室**は，中期に朝鮮半島の影響を受けて九州北部に出現するが，一般化するのは後期である。う−前期の副葬品は，銅鏡や玉類（勾玉・管玉）などが多く，短甲や馬具などはむしろ中期のものである。

> 📖 **私大標準よく出るポイント** ▶ 古墳の副葬品と被葬者の性格の相違
>
> 前期古墳…**銅鏡・勾玉・管玉・碧玉製腕輪→司祭者的性格**
> 中期古墳…**鉄製武器・馬具・武具**（短甲や冑）**→武人的性格**
> 後期古墳…**須恵器・土師器**など日常用具・馬具・武器**→有力農民層**

問2 い（氏姓の制度）…「各（＝額）田口（＝部）臣」の最後の「臣」の文字に着目すると，臣・連などの姓の制度があったことがわかる。現在，姓の実例がわかる最も古い資料である。

🔴難 問3 う（隅田八幡宮〔神社〕）…**隅田八幡宮〔神社〕人物画像鏡**で，和歌山県にある神社の鏡。この鏡の銘には天皇ではなく「大王」と表記されており，稲荷山古墳出土鉄剣などとともに重要な資料である。なお，銘文にある「意柴沙加宮」は奈良県の忍坂にあった宮と理解されている。

問4 う（竹原古墳）…竹原古墳は福岡県にある**装飾古墳**。ほかに虎塚古墳（茨城）や高松塚古墳（奈良）などがある。あ–五色塚古墳（兵庫）、い–太田天神山古墳（群馬）はともに中期の、え–石塚山古墳（福岡）は出現期の古墳。

2 **問1** ④…7世紀になると、近畿の大王の墓は**八角墳**となる。大王のみ固有の八角墳を営むことで、強大な権力を示そうとした。①–中国北朝でなく**南朝**に朝貢した。②–武が遣使した時期は古墳中期なので、群集墳が誤り。③–新嘗の祭と祈年の祭が反対。豊作を祈るのが祈年の祭〔祈年祭〕、収穫を感謝するのが新嘗の祭〔新嘗祭〕。なお、史料は**『宋書』倭国伝**である。

🖐 私大標準よく出るポイント ≫≫「ワカタケル大王」(＝雄略天皇)の史料の確認

① **『宋書』倭国伝**…倭の五王の1人**武**（＝雄略天皇）が**中国南朝**に朝貢
② **稲荷山古墳**出土**鉄剣**…獲加多支鹵大王（＝雄略天皇）、乎獲居臣（地方豪族）
③ **江田船山古墳**出土**鉄刀**…獲□□□鹵大王（＝雄略天皇）、无利弖（地方豪族）

問2 ①…楽浪郡を滅ぼし朝鮮半島北部を領有したのは、百済でなく**高句麗**。②～④は正文。

問3 ②…稲荷山古墳出土鉄剣には「ワカタケル大王」（＝雄略天皇）と「オワケノ臣」（＝豪族の名）がみえる。①–誉田御廟山古墳と大仙陵古墳は奈良県でなく大阪府にある。③–好太王碑の碑文は高句麗王の資料。④–七支刀は石上神宮（奈良）に所蔵されている資料。

✓ 古墳の変遷と特徴

	前期古墳	中期古墳	後期古墳
形　態	前方後円墳が中心	前方後円墳の巨大化	小型の円墳・方墳＝**群集墳**
石　室	**竪穴式石室**	**竪穴式石室**	**横穴式石室**が一般化
副葬品	銅鏡・玉類（勾玉・管玉）・碧玉製腕輪	鉄製武器・馬具・武具（＝**短甲**や**冑**）	須恵器・土師器など日常用具・馬具・武器
被葬者性格	宗教的・呪術的→**司祭者的性格**	軍事的・政治的→**武人的性格**	被葬者は**有力農民層**→**家族墓的性格**（追葬可能）
事　例	**箸墓古墳**（奈良）	**大仙陵古墳**（大阪）誉田御廟山古墳（大阪）	**岩橋千塚古墳群**（和歌山）**新沢千塚古墳群**（奈良）

1	問1	④	問2	③	問3	①	問4	②
2	②							

解説

1 **問1** ④（蘇我馬子）…これは易しい。推古朝の政治は厩戸王と大臣蘇我馬子が共同で国政を担当した。

問2 ③…寺院の建立は，**古墳にかわって豪族の権威を示すもの**であった。ただし，塔の心礎から古墳の副葬品と同種の品が出土したことから，在来の信仰と習合する形で仏教が導入されたことがわかる。①－冠位十二階は最上位から順に徳・仁・礼・信・義・智の６階を大小に分けた。②－憲法十七条の第一条は「和を以て貴しとなし，忤ふること無きを宗とせよ」とあり，「篤く三宝を敬へ」は第二条である。④－法隆寺金堂釈迦三尊像は北魏様式で，力強く端正な特徴をもつ。やわらかな表情のある造像様式とは，南朝〔南梁〕様式である。⑤－暦法を伝えたのは，百済の観勒であり，彩色・紙・墨の技法を伝えたのは，高句麗の曇徴である。

問3 ①…**天武天皇**は強大な権力を握って，皇族（草壁・大津皇子など）を重用して政治を行った。これを**皇親政治**という。こうして天皇は**中央集権的国家体制の建設を進めた**が，天皇権力の強大化の背景には壬申の乱で近江朝廷側についた有力豪族が没落したことがあった。②－持統天皇が作成した戸籍は**庚寅年籍**である。最初の戸籍である庚午年籍は天智天皇が作成したもの。③－の文章は天武天皇でなく，すべて天智天皇（中大兄皇子）の事績である。④－八色の姓を定めたのは持統天皇でなく天武天皇である。なお，藤原京に遷都したのは持統天皇である。⑤－天武天皇は大官大寺や薬師寺を建立したので，「天皇家による寺院建立はまだおこなわれなかった」が間違い。

問4 ②…大宝律令以後の地方組織としては国・郡・里が置かれた。また，国司には中央から貴族が派遣され，郡司には地方豪族が任じられた。①－省とよばれる役所があるのは太政官の方で，神祇官の方にはない。③－京・畿内の地域が免除されているのは庸の方で，調は京・畿内では半減の措置がとられた。④－口分田は６歳以上の男子でなく，６歳以上の男女に支給された。生計を保障した上で，租などの租税を徴収した。⑤－兵士は庸・雑徭は免除されたが，武器・食料は負担しなければならなかった。したがって，「武器や食料を支給されて」が誤り。

私大標準よく出るポイント ▶▶ 国司と郡司の相違

国司…**中央の貴族**が派遣され，**任期**があり，役所である**国府**を拠点とした。
郡司…**国造**など伝統的な**地方豪族**が任じられ，**終身官**であった。
　　　役所は郡家。

難 **2** 　②…ア　6歳以上の男子は6人，6歳以上の女子は4人である。男子は2段
の口分田が支給されるので，6人×2段で12段となる。女子は男子の3分の2
の口分田が支給されるので，4人×2×3分の2段となり，5段と3分の1段の
口分田が支給される。問題文に1段（たん）＝360歩（ぶ）と指示してあるので，3分の1段の
口分田とは，120歩となる。合計すると，女子は5段120歩の口分田が支給される。
したがって，男女をあわせると，17段120歩の口分田，すなわち1町7段120歩
の口分田の支給となる。

イ　庸は正丁（せいてい）（21〜60歳）と次丁（じてい）（61〜65歳）に課税されるので，4人である。
中男（ちゅうなん）（17〜20歳）には課税されない。

ウ　雑徭の負担は正丁（21〜60歳）は60日以下，次丁（61〜65歳）は30日以下，
中男（17〜20歳）は15日以下となっている。正丁（21〜60歳）は3人，次丁（61
〜65歳）は1人，中男（17〜20歳）は1人であるので，180日＋30日＋15日
＝225日となる。以上から，②が正解となる。

👆 私大標準よく出るポイント ≫≫ 課役の年齢別負担の区別

	正　丁	次　丁	中　男	京・畿内
庸	歳役のかわりに**布で2丈（じょう）6尺（しゃく）**	1／2	**なし**	**免除**
調	特産物（産物により量は異なる）	1／2	1／4	半減
雑徭	年間　**60日以内の労働**	1／2	1／4	

✅ 天智・天武・持統天皇の政策

	天　智	天　武	持　統
都の遷都	近江大津宮（おうみおおつのみや）	飛鳥浄御原宮（あすかきよみはらのみや）	藤原京
律令	近江令（おうみりょう）	飛鳥浄御原令（あすかきよみはらりょう）編纂開始	
戸籍	庚午年籍		庚寅年籍
内政	大宰府（だざいふ）に水城（みずき）・大野城（おおのじょう），防人（さきもり）を設置	八色の姓 富本銭の鋳造	飛鳥浄御原令を完成して施行
外交	白村江の戦い（はくそんこう（はく）のたたかい）	遣唐使（けんとうし）派遣せず	遣唐使派遣せず

4 奈良時代

1 問1 ③ 問2 ④ 問3 ① 問4 ③ 問5 ①
2 問1 朱雀大路 問2 長屋王 問3 市司 問4 708年
　　問5 蓄銭叙位令 問6 乾元大宝 問7 富本銭
3 1 文武 2 長屋王 3 武智麻呂 4 宇合
　　5 橘諸兄 6 大宰府 7 恭仁 8 橘奈良麻呂
　　9 藤原仲麻呂 10 淳仁
4 問1 ① 問2 ② 問3 ④ 問4 ③ 問5 ア ③ イ ④
5 問1 塑像 問2 百万塔陀羅尼 問3 螺鈿紫檀五絃琵琶
　　問4 3

解説

1 問1 ③（租稲二束二把）…「十段を町とせよ」とあるので，「町の租稲二十二束」は段を単位にすれば，その10分の1になるので，租稲は二束二把となる。なお，男は2段の口分田を支給されるので，租は四束四把を納める。

問2 ④…「女は三分が一減ぜよ」とあるから，**男の3分の2の口分田が支給される**。したがって①・②-間違い。「五年以下には給はず」とは5歳以下には支給されないという意味だから，③-間違い。**6歳以上の男女に口分田が支給される**。

👆 **私大標準よく出るポイント** ▶ **律令制の農民支配の制度を確認**

戸籍…**6年ごとに作成** これに基づいて**口分田が支給された。**
計帳…**毎年作成。調・庸徴収の台帳。**
班田収授法…**6歳以上の男女**に一定額の口分田を支給（6年1班）。
　　　　　男は2段，女は男の3分の2，私有奴婢は良民男女のそれぞれ
　　　　　3分の1の口分田が支給された。
　　　　　口分田は死亡すると6年ごとの班年に収公（国家に返却）された。
　　　　　口分田売買は禁止された。

問3 ①…歳役とは都での年間10日の労働を指す。それにかわる負担を**庸**という。正丁の場合は布2丈6尺が課される。したがって，①が正文。

問4 ③（イ．衛士 ウ．防人）…兵役に徴発された後，宮城を警備する兵士を**衛士**といい，北九州を防衛する兵士を**防人**という。衛士は1年間，防人は3年間の義務であった。

問5 ①…律はいわば刑法，令は行政法などである。また，律と令が一緒に編纂されたのは大宝律令である。したがって，a・cが正文。なお，近江令や飛鳥浄御原令では律の存在が確認されていない。

2 問1 朱雀大路…都を南北に走る通りを**朱雀大路**という。都城はこの道路によって東西に分けられ，左京，右京とよばれた。

問2 長屋王…ヒントは高市皇子の子だが，やや難しい。妻が吉備内親王で長屋王 難 がわかるのはかなり学習が進んでいる！

問3 市司…京職の下で**東西の市**を監督する官庁のこと。

問4 708年…文中の新たな貨幣の鋳造が和同開珎とわかれば，易しい。

問5 蓄銭叙位令…銭貨流通の促進を図るために出された法令。800年に廃止された。

問6 乾元大宝…これは皇朝〔本朝〕十二銭の最後の貨幣で，村上天皇の治世で鋳造された。皇朝〔本朝〕十二銭は，最初の**和同開珎**と最後の**乾元大宝**を覚える。

問7 富本銭…和同開珎以前の貨幣とは，天武天皇の時代とされる**富本銭**である。

---

3 **1** 文武…**藤原不比等**は娘を**文武天皇**の夫人とし，皇室と姻戚関係を結んだ。

2 長屋王…**長屋王**は光明子の立后問題で藤原氏と対立し，排除させられた。長屋王は妻吉備内親王とともに自殺に追い込まれた（**長屋王の変**という）。

3 武智麻呂…藤原不比等の長男。南家の祖である。

4 宇合…藤原不比等の三男。式家の祖である。藤原広嗣や百川は宇合の子。

5 橘諸兄…聖武天皇の下で政権を担当，玄昉や吉備真備を登用した。

6 大宰府…**藤原広嗣**は大宰少弐として赴任し，**大宰府**で反乱をおこした。

7 恭仁…聖武天皇は都を転々と移したが，最初は山背の**恭仁京**で，ここで**国分寺建立の詔**を出した。

8 橘奈良麻呂…**藤原仲麻呂**の殺害をねらったが，失敗した（**橘奈良麻呂の変**）。

9 藤原仲麻呂…聖武天皇の退位後，孝謙天皇の下で，光明皇太后と結んで権力を握った。養老律令を施行したり，雑徭を半減したりした。

10 淳仁…藤原仲麻呂が即位させたのが，**淳仁天皇**。

---

4 **問1** ①…賤民と良民の結婚は禁止されていた。②-私奴婢は良民の3分の1の口分田が支給された。③-家人は私有の賤民である。④-私奴婢は売買された。

問2 ②（万葉集）…山上憶良の貧窮問答歌は**万葉集**におさめられている。

問3 ④…農民が一揆をおこすのは，早くても南北朝の内乱以降である。律令制下の農民の抵抗は，おもに**浮浪・逃亡・偽籍・私度僧**である。

問4 ③…墾田は私有が認められるが，租税は納めるのが原則。無税ではない。

問5 ア＝③…「天平十五年の格」とは**墾田永年私財法**のこと。したがって，聖武天皇の時に出された法令である。

難 イ＝④…この史料は道鏡が出した**加墾禁止令**。寺を除く墾田開発を禁止した。

---

5 **問1** 塑像…芯となる木に粘土をかぶせるので，乾漆像に対して**塑像**という。

問2 百万塔陀羅尼…陀羅尼経を小塔（百万塔）に納めた**世界最古の印刷物**である。

問3 螺鈿紫檀五絃琵琶…螺鈿の技法を用い，紫檀で作った五絃の琵琶である。

問4 3（筑紫観世音寺）…天下〔本朝〕三戒壇とは**大和東大寺**，**下野薬師寺**，**筑紫観世音寺**を指す。

1	問1 ① 問2 ②
2	問1 ④ 問2 ③ 問3 ④ 問4 桓武天皇 問5 勘解由使
3	ア 曼荼羅 イ 勧学院 ウ 綜芸種智院
	問1 円珍 問2 教王護国寺〔東寺〕
4	問1 ① 問2 ⑤ 問3 ① 問4 ③
5	問1 ④ 問2 ② 問3 ① 問4 ② 問5 ④
6	問1 ③ 問2 ① 問3 ②

解説

1 問1 ①…光仁天皇は天武天皇の孫でなく，天智天皇の孫。すなわち，皇統は**天武系から天智系**にかわった。②-造長岡宮使の藤原種継暗殺事件がおこり，桓武天皇は皇太子の早良親王（桓武天皇の弟）を退けた。③・④-薬子の変〔平城太上天皇の変〕である。⑤-藤原冬嗣は蔵人頭，さらに左大臣となり，藤原北家の勢力を拡大させた。藤原良房は人臣最初の摂政となった。

問2 ②（清和）…**藤原良房**は文徳天皇に娘明子を入内させ，やがて**清和天皇**（文徳の皇子）が9歳で即位すると，天皇の外祖父として**摂政**となった。

2 問1 ④（ア＝藤原緒嗣 イ＝菅野真道）…この史料は「天下の徳政相論」。桓武の二大事業（蝦夷征討と平安京造営）についての**藤原緒嗣**と**菅野真道**の論争。

問2 ③（日本後紀）…これは平安初期の根本史料である。

問3 ④（蝦夷との戦争と平安京の造営）…「軍事」とは蝦夷征討であり，「造作」とは平安京造営のことである。

問4 桓武天皇…桓武天皇は藤原緒嗣の意見を採用して，「軍事」＝蝦夷征討と「造作」＝平安京造営を中止した。

問5 勘解由使…桓武天皇は**勘解由使**を設けて，国司の交替に際して事務の引き継ぎをきびしく監督させ，**国司の不正を取り締まった**。

👆 **私大標準よく出るポイント** ▶ **桓武・嵯峨両天皇による令外官の設置**

桓武天皇…**勘解由使**，**征夷大将軍**	
嵯峨天皇…**検非違使**，**蔵人頭**	＊勘解由使と検非違使を混同しないこと

3 ア 曼荼羅…密教で宇宙の真理あるいは仏の世界をあらわしたものとされる。金剛界と胎蔵界の曼荼羅がある。**神護寺両界曼荼羅**は現存最古の曼荼羅。

イ 勧学院…藤原冬嗣が創設。大学別曹で最も栄えた。

👆 **私大標準よく出るポイント** ▶ **大学別曹を区別する**

和気氏…弘文院（和気広世設立）	橘氏…学館院（橘嘉智子設立）
藤原氏…勧学院（藤原冬嗣設立）	在原氏・皇族…奨学院（在原行平設立）

ウ　綜芸種智院…空海が設立。ここでは，儒教・仏教・道教などが講義された。
問1　円珍…円珍は寺門派（園城寺），**円仁**は山門派（延暦寺）で区別する。
問2　教王護国寺〔東寺〕…嵯峨天皇から賜り，真言密教の根本道場と定められた。

4 **問1**　①…X–**阿弖流為**は，征東大使紀古佐美の軍を破った。正文。Y–**坂上田村麻呂**は阿弖流為を帰順させ，胆沢城をきずいた。正文。
問2　⑤…応天門の変は866年，長岡京への遷都は784年，藤原種継暗殺事件は785年，薬子の変は810年なので，b→c→d→aが正しい。
問3　①（ア＝嵯峨　イ＝文室綿麻呂）…嵯峨天皇の時代，征夷大将軍**文室綿麻呂**が派遣され，蝦夷を平定した。
問4　③…桓武天皇は公出挙の利息を利率5割から3割に減らした。①–10年1班でなく12年1班に変更した。②–雑徭の期間を年間60日から30日に減らした。④–健児の制は全国すべてでなく，奥羽・佐渡・北九州などを除いた地域で実施。

5 **問1**　④（冬嗣）…嵯峨天皇の信任を得て**蔵人頭**に任命された。
問2　②（伴健岑）…これは**承和の変**で，**伴健岑**と**橘逸勢**が流罪となった。
問3　①（良房）…藤原良房の妹順子の子が道康親王（後の文徳天皇）であった。
問4　②（宇多）…宇多天皇の時に，**阿衡の紛議**が発生した。
問5　④…アは嵯峨天皇の時におこった薬子の変，イは承和の変，ウの応天門の変の後に，良房が正式に摂政となった。エの安和の変の後は，摂関常置となった。

6 **問1**　③…藤原道長と甥の伊周の「氏の長者」をめぐる争いは有名。また，道長は娘4人を中宮（皇后）や皇太子妃とし，30年にわたって権勢をふるった。①–道長は摂政になったが，関白にはなっていない。娘は定子でなく彰子。②–道長は一条天皇でなく彰子が生んだ後一条天皇の摂政となった。④–これは子の頼通のこと。
問2　①（法成寺）…道長が建立したのは**法成寺**。現在は廃寺である。
問3　②（藤原実資）…『**小右記**』の筆者は道長でなく**藤原実資**である。

☑️ 他氏排斥事件について…藤原氏，事件名，排斥された人物をしっかり覚える

	藤原氏	事　件	排斥された人
842	良　房	**承和の変**	**伴健岑・橘逸勢**
866	良　房	**応天門の変**	**伴善男**
887	基　経	**阿衡の紛議**	**橘広相**
901	時　平	**昌泰の変**	**菅原道真**
969	実　頼	**安和の変**	**源高明**

6　平安時代2

問題：本冊 p.24

1 問1 ① 問2 ③ 問3 ① 問4 菅原道真
2 ア 公営 イ 官 ウ 勅旨 エ 受領
3 問a 1 問b 1 問c 2 問d 2 問e ウ 領家 エ 本家
4 問1 源頼光 問2 平忠常 問3 安倍頼時 問4 鶴岡八幡宮
　　問5 義家 問6 陸奥話記 問7 （藤原）秀衡
5 問a 1 問b 2 問c 3 問d 4 問e 3 問f 3 問g 4

解説

1 問1 ①…9世紀後半には，唐の商人は頻繁に来航した。②-宋の商人も同様に頻繁に来航した。③-平安時代になると新羅の使節の来日はなくなるが，新羅の商人は来航するようになった。唐の滅亡以前からの来航である。④-渤海は高麗でなく契丹〔遼〕に滅ぼされた。

問2 ③…遣唐使の「進止を議定（是非の審議）」をし，派遣の中止が決定された。

問3 ①（菅家文草）…道真の漢詩文集。遣唐使派遣中止の意見書が入っている。

問4 菅原道真…これは易しい。

私大標準よく出るポイント　菅原道真についての基礎知識

菅原道真…①宇多天皇から蔵人頭に登用され，**894年遣唐使中止**を建議した。
②国司（讃岐守）となる。文章博士。
③著書は『類聚国史』『菅家文草』『菅家後集』などがある。

2 ア 公営（田）…9世紀になると班田収授の実施が困難になった。国家財政の維持が困難になると，政府は公営田などを設けて財源の確保につとめた。**公営田は大宰府管内に置かれたいわば国営の田である。**

イ 官（田）…官田は公営田にならって畿内につくられた田で，元慶官田という。

ウ 勅旨（田）…勅旨田は天皇の勅旨によって設置された田である。

エ 受領…10世紀に国司制度が変更され，一国内の統治をゆだねられ，税の納入を請け負うようになって国司の役割が大きくなったことが背景にある。受領は任国に赴任する国司の最上席者（通常は守）のことをいう。「**尾張国郡司百姓等解**」で有名な**藤原元命**のような，私腹をこやし巨利をあげる受領が出現した。

3 問a 1（名（名田））…国司制度の変更に伴い，名〔名田〕という徴税単位に分け，有力農民＝田堵に名の経営を請け負わせた。

問b 1（田中豊益）…大規模経営を行うものを**大名田堵**という。『新猿楽記』に登場する有力な大名田堵は，田中豊益である。

問c 2（在庁官人）…国衙（国司のいる役所）の行政事務を担当したのは，在庁官人で，おもに開発領主などであった。

問d 2…延久の荘園整理令を発令したのは，後白河天皇でなく**後三条天皇**である。10世紀後半以降の荘園では，選択肢の1や4にあるように，政府による税免除の荘園（**官省符荘**）や国司による税免除の荘園（**国免荘**）が重要。

問e ウ＝領家…「鹿子木の事」は有名な寄進地系荘園の史料。開発領主は「寿妙」，その子孫の「高方の時」に大宰府の藤原実政に寄進した。したがって，藤原実政が**領家**である。高方は「預所」（荘官）となった。
エ＝本家…実政の子孫の「願西」の時に「国衙の乱妨を防がず」，さらに寄進が行われたので，「高陽院内親王」（鳥羽上皇の娘）が**本家**となった。

難 4 問1 源頼光…清和源氏の問題。大江山の酒呑童子を退治した伝説がヒント。
問2 平忠常…**源頼信**が**平忠常の乱**を平定して源氏の東国進出の契機をつくった。
問3 安倍頼時…**前九年合戦**で，**源頼義**が安倍頼時・貞任父子の反乱を平定した。
問4 鶴岡八幡宮…**源頼義**は平定後に石清水八幡宮を由比ガ浜に勧請した。これが**鶴岡八幡宮**である。現在の地に移したのは，源頼朝である。
問5 義家…**源義家**は**後三年合戦**で藤原〔清原〕清衡を助けて，清原氏一族の内紛を平定した。
問6 陸奥話記…**前九年合戦**の合戦記。**後三年合戦**では『後三年合戦絵巻』が出る。
問7 （藤原）秀衡…奥州藤原氏三代は，清衡・基衡・秀衡である。とくに，秀衡は源頼朝に対抗して**源義経**を保護した人物。

5 問a 1（紀貫之）…『古今和歌集』の編集，『土佐日記』の作者。易しい。
問b 2（中宮彰子）…藤原道長の娘。清少納言が仕えていたのは皇后定子。
問c 3（赤染衛門）…「栄花〔華〕物語」の作者。藤原道長をたたえた歴史物語。
問d 4（空也）…市聖・阿弥陀聖ともいう。鎌倉時代に康勝が作ったのは空也上人像。
難 問e 3（良源）…平安中期の天台宗の僧で，比叡山中興の祖といわれる。源信の師。
問f 3（往生要集）…源信の著書。浄土教を理論化し，念仏往生の教えを説いた。
問g 4（1052年）…末法第一年である。

✓ **清和源氏の発展**

経基	藤原純友の乱を鎮圧	清和源氏の祖
満仲	安和の変で密告→摂関家（兼家）に接近	源氏発展の基礎
頼信	平忠常の乱（上総）を鎮圧	源氏の東国進出
頼義	陸奥守・鎮守府将軍→前九年合戦を平定	東国に発展
義家	陸奥守・鎮守府将軍→後三年合戦を平定	東国での地位確立

7 院政期～鎌倉時代1

問題：本冊 p.28

1 問1 ② 問2 ④ 問3 ③
2 問1 ④ 問2 ② 問3 ① 問4 ④ 問5 ⑤ 問6 ①
　　問7 ④ 問8 ③
3 問a 2 問b 1 問c 1 問d 3 問e 1
4 問1 ⑤ 問2 ②

解説

1 問1 ②（北畠親房—14世紀）…『神皇正統記』の作者は北畠親房。北畠は後醍醐天皇の南朝方について内乱を戦ったのだから，12世紀は該当しない。

問2 ④…北面の武士は院政を始めた白河上皇が設置したもの。①～③は正文。

👆 私大標準よく出るポイント　　後三条天皇についての基礎知識

後三条天皇…①摂関家を外戚としない天皇
　　　　　　②摂関家に対抗し，源師房（村上源氏）や大江匡房を登用
　　　　　　③延久の荘園整理令を出して記録荘園券契所を設置
　　　　　　④宣旨枡を制定

問3 ③（ア—宣旨　イ—院宣）…従来は宣旨や太政官符による政治が行われたが，院政からは院宣や院庁下文（史料では庁御下文）が重視されるようになった。

2 問1 ④…XとYにある鳥羽上皇と後白河上皇が反対である。

👆 私大標準よく出るポイント　　皇室領の形成と伝承

鳥羽上皇…皇室領＝八条院領（皇女八条院に伝えた）→のち大覚寺統へ継承
後白河上皇…皇室領＝長講堂領（持仏堂に寄進した）→のち持明院統へ継承

問2 ②…平清盛の祖父正盛が白河上皇に仕え，父の忠盛が瀬戸内海の海賊を追討して鳥羽上皇の信任を得て，鳥羽上皇に仕えた。①-白河院政，③-後冷泉天皇，④-白河院政の時代である。

問3 ①…天皇家では，後白河天皇と崇徳上皇とが対立した。②～④は正文。

👆 私大標準よく出るポイント　　保元の乱の勢力関係

勝利…後白河天皇（皇室），藤原忠通（摂関家　関白），源義朝，平清盛
敗北…崇徳上皇（皇室），藤原頼長（摂関家　左大臣），源為義・為朝，平忠正

問4 ④…平治の乱では，源義朝と藤原信頼が結んで挙兵したが，平清盛の反撃で失敗した。①-藤原通憲〔信西〕は，自殺（殺害の説もある）した。②・③-乱の組合せが間違っている。

問5　⑤…**蓮華王院本堂**〔三十三間堂〕は後白河上皇の命令で平清盛が造営。

問6　①…これは**鹿ヶ谷の陰謀**に対する1179年の清盛のクーデタを指しており，X－平清盛は，後白河法皇を幽閉して院政を停止した。Y－平清盛は，関白以下多数の貴族の官職をうばって処罰した。

問7　④…養和の飢饉は畿内・西国中心の大飢饉で，平氏は大きな打撃を受けた。①－東大寺は禅宗様でなく大仏様の建築様式で再建された。②－挙兵の場所が信濃と伊豆が反対。③－平清盛が没したのは1181年，源義仲が入京して，平氏が安徳天皇を奉じて都落ちしたのは，1183年である。

問8　③…1185年，守護・地頭を認めさせた。X－守護は初め惣追捕使・国地頭とよばれた。これに対して，地頭は荘郷地頭といった。したがって，守護は1国1人置かれたので，荘園や公領に置かれたのではない。Y－1185年，1段あたり5升の兵粮米を徴収する権限を認めさせた。正文である。なお翌年，この権利は廃止された。

3　問a　2（**太政大臣**）…平清盛は1167年，武士として初めて太政大臣となった。

問b　1…後白河法皇の皇子は高望王でなく以仁王である。

問c　1…以仁王らの挙兵からまもなく，平清盛は都を福原京に移した。2－壇の浦は讃岐国でなく長門国にある。3－源範頼でなく源義経に源頼朝の追討を命じた。4－鹿ヶ谷の陰謀は1177年，源平の争乱は1180年である。

問d　3…正しくは，1183年倶利伽羅峠の戦い→1184年一の谷の戦い→1185年（2月）屋島の戦い→1185年（3月）壇の浦の戦いである。

問e　1（**藤原泰衡**）…藤原秀衡の子**藤原泰衡**が衣川で義経を殺した後，頼朝は大軍約30万を率いて泰衡を討ち，**奥州藤原氏**を滅ぼした。

4　問1　⑤…政所：大江広元，問注所：三善康信，侍所：和田義盛が正しい。

👆 **私大標準よく出るポイント**　▶▶ **鎌倉幕府のしくみと初代長官**

侍所…1180年　長官＝**別当**　初代＝和田義盛
公文所（政所）…1184年　長官＝別当　大江広元
問注所…1184年　長官＝**執事**　三善康信
京都守護…1185年　初代＝**北条時政**
鎮西奉行…1185年　初代＝天野遠景

問2　②…年貢・兵粮米の徴収は守護でなく地頭の権限であった。守護の権限は**大犯三カ条**で，その内容は**大番催促**，謀叛人・殺害人の逮捕である。

1	問1	⑤	問2	①	問3	②			
2	問1	③	問2	②	問3	④	問4	②	問5	③
3	問1	①	問2	②	問3	①	問4	④		
4	問1	②	問2	②						
5	問1	②	問2	③	問3	②	問4	②		

解説　**1**　問1　⑤…御内人の平頼綱が有力御家人安達泰盛を滅ぼしたのは霜月騒動といい，執権北条貞時がその頼綱を滅ぼしたのは平禅門の乱という。①−実朝と頼家が反対で，将軍の頼家を廃し，弟の実朝を立てて幕府の実権を握った。②−北条泰時が連署を置いたり執権についたのは，承久の乱終了後のこと。③−三浦泰村一族を滅ぼしたのは，霜月騒動でなく宝治合戦。④−元の要求を拒否したのは，北条長時ではなく8代執権北条時宗。

問2　①（義時）…北条泰時は時政の子であり，泰時の父である。

問3　②…『古今和歌集』（醍醐天皇）でなく『新古今和歌集』の誤り。

2　問1　③（頼朝）…史料中にある「其跡タエテ後室ノ尼公」（北条政子のこと）や「守護ノ職ヲ給」（守護・地頭の設置）から，源頼朝と判断できる。

問2　②（関東御領）…鎌倉将軍家の荘園のこと。幕府の経済的基盤には，もう一つ関東知行国〔御分国〕がある。

問3　④…政所別当であった北条義時は，和田義盛を滅ぼして侍所の別当も兼ねた。この地位を執権とよぶ。①−引付（衆）は時頼，②−御成敗式目は泰時，③−三浦泰村一族滅亡は時頼の時の事項。

問4　②（後白河法皇）…後白河法皇が守護・地頭の設置を認めた。

問5　③（承久の乱）…この史料は北畠親房『神皇正統記』である。史料によれば，北畠は頼朝が守護の地位を給わったのは後白河法皇の裁定で，不法に奪い取ったものではないし，北条政子や義時の政治も非難すべきところはない，それを大した理由もなく鎌倉幕府を追討するのは，後鳥羽上皇の方に誤りがある，と論評している。したがって，承久の乱について述べたもの。

3　問1　①（1=惣領　2=庶子）…鎌倉時代の武士は，一族という血縁的なつながりで結合していた。その一族の宗家〔本家〕の首長を惣領といい，その他を庶子とよんだ。このようなまとまりを惣領制という。

問2　②…惣領制の下では分割相続の方法がとられていた。したがって，X−女性も男性と同じく財産の分配を受けた。正文である。鎌倉時代は，女性の地位が比較的高かった点に注目したい。女性が御家人や地頭になる例もあった。Y−分割相続は鎌倉後期からだんだん単独相続に切り替わっていき，室町時代には単独相続が一般的になった。したがって，武家社会では，分割相続が中世を通じての相続方法の主流ではない。

問3　①…「毎年一定額を地頭に納入するかわりに，荘園への不干渉を約束させた」の個所が誤り。反対に，地頭が荘園領主に年貢を納入するかわりに，荘園の管理を地頭に任せるのが地頭請である。**地頭請**と**下地中分**の正確な理解が大切。

問4　④…遠隔地の取引には為替が使われた。①－問〔問丸〕は金融業者でなく運送業者。②－貨幣は宋銭など中国からの輸入銭が用いられた。③－年貢の銭納は貨幣経済の発展が背景にあり，平安時代からでなく鎌倉時代から普及した。

4　問1　②…この史料は執権北条貞時が出した**永仁の徳政令**である。この法令では，御家人への売却地は20年未満の土地に限り無償で取り戻せる。したがって，20年以上経過した場合は無償で取り戻すことはできない。①・③・④は正文。

難 問2　②…ア－元寇への対応から得宗の権力が強大化し，幕府の政策は得宗の私邸で行われる寄合で決定された。得宗専制政治の下では，寄合が公的な評定会議より優越する事態となった。正文。イ－長崎高資は執権北条高時の内管領なので誤り。長崎は高時の下で権勢をふるったので，御家人の不満が高まっていた。

5　問1　②（教行信証）…親鸞の主要著作である。弟子の唯円が親鸞の語録をまとめたものが『歎異抄』である。

問2　③（蘭溪道隆）…蘭溪道隆は本格的な中国禅を伝えた僧で，**建長寺の開山**となる。①－無学祖元は円覚寺の開山，②－春屋妙葩は室町時代の禅僧，④－夢窓疎石は天龍寺の開山。

問3　②（奈良）…忍性は北山十八間戸を奈良に造った。忍性は鎌倉極楽寺の開山。

問4　②（元亨釈書）…**虎関師錬**が著した『**元亨釈書**』は日本最初の仏教通史とされる。

☑ 執権政治の展開と事件

	執権名		政策など		事件など
初代	北条時政			1203	比企能員の乱
2代	北条義時	1221	六波羅探題設置	1213	和田義盛の乱
				1221	承久の乱
3代	北条泰時	1225	連署・評定衆設置		
		1232	御成敗式目〔貞永式目〕		
5代	北条時頼	1249	引付＝引付衆設置	1247	宝治合戦
		1252	宗尊親王を迎える		→三浦泰村一族滅亡
8代	北条時宗	1271	異国警固番役→1275制度化	1274	文永の役
		1276	石塁＝石築地〔防塁〕構築	1281	弘安の役
9代	北条貞時	1293	鎮西探題設置	1285	霜月騒動
		1297	永仁の徳政令発布		→安達泰盛一族滅亡

1 問1 大義名分論 問2 正中の変 問3 元弘の変
　　 問4 楠木正成 問5 梅松論
2 問1 ④ 問2 ②
3 問1 ② 問2 ④ 問3 ①
4 問1 上杉禅秀の乱 問2 憲実 問3 永享の乱
　　 問4 結城氏朝 問5 享徳の乱 問6 赤松満祐
5 問1 ③ 問2 ② 問3 ⑥ 問4 ② 問5 ①

解説

1 問1　大義名分論…これは君臣間で，臣下として守らなければならない根本的な道理という意味で，君主に対する忠誠の義務をあらわす用語である。後醍醐天皇が強く影響を受けた。

問2　正中の変…1324（正中元）年の倒幕計画。六波羅探題にもれて失敗した。

問3　元弘の変…1331（元弘元）年，側近の吉田定房の密告により倒幕計画が失敗。後醍醐天皇は笠置山で挙兵したが捕まり，翌年に隠岐に配流された。

🅽 問4　楠木正成…「河内の赤坂城，千早城」がヒント。この城に拠り，巧みな兵法と知略で幕府の大軍を防いだ。

問5　梅松論…「武家の側」「足利尊氏の活躍」がヒント。『**梅松論**』は歴史書とみる立場と軍記物語とみる立場がある。この大学では軍記物語で出題している。

👆 **私大標準よく出るポイント** ▶▶ **南北朝の動乱の記述の立場の区別**

『神皇正統記』（北畠親房）…**南朝の立場，南朝の正統性**を説いた。

『梅松論』（作者不詳）…**武家の立場**から記述。

『増鏡』（二条良基か？）…源平争乱以後の歴史を**公家の立場**から記述。

『太平記』（小島法師か？　複数作者説有力）…南北朝の動乱の全体を**いきいきと描く**。

---

2 問1　④…この史料は二条河原落書である。建武政権では，恩賞事務を担当するのは政所でなく恩賞方である。なお，②−雑訴決断所は鎌倉幕府の引付（衆）を受けついだもの。⑤−すべての土地所有権の確認には天皇の綸旨を必要とするという法令は，個別安堵法という。

問2　②…最後の執権でなく最後の得宗，内管領は平頼綱でなく長崎高資の誤り。

3 問1　②…内乱の過程で，守護には新たに刈田狼藉を取り締まる権限（**刈田狼藉検断権**）や幕府の裁判の判決を強制執行する使節遵行の権限（**使節遵行権**）が与えられた。①−大犯三カ条を定めたのは，御成敗式目。建武式目の中では，守護の任命は有能な人材を選ぶべきだ，としている。③−観応の半済令は，近江・美濃・尾張の3国に限定して年貢の半分を徴収する権限が認められた。④−貫高を基準に軍役を賦課したのは，戦国大名である。

問2　④（応永の乱）…大内義弘の討伐は**応永の乱**で，山名氏清を滅ぼした**明徳の乱**と混同しないこと。

問3　①（侍所）…**四職は侍所の長官**〔所司〕のこと。鎌倉幕府では長官は別当とよんだが，室町幕府では別当は任命されず，所司が長官となった。

4　問1　上杉禅秀の乱…上杉氏憲〔禅秀〕が鎌倉公方足利持氏にそむいておこした反乱。これに4代将軍足利義持の弟義嗣がからんだ。

問2　憲実…永享の乱の後に，**上杉憲実**が**足利学校**を再建した。

問3　永享の乱…鎌倉公方**足利持氏**が室町幕府にそむいた事件。持氏が彼をいさめる関東管領上杉憲実を攻めたのを機に，6代将軍足利義教が上杉憲実を支援した。

問4　結城氏朝…下総の結城氏朝が持氏の遺子春王丸・安王丸を擁立して挙兵した（結城合戦という）。将軍義教と関東管領上杉憲実に敗れた。

👆 **私大標準よく出るポイント**　≫≫　**室町幕府の守護大名統制**

足利義満…	1391年	明徳の乱（山名氏清）
	1399年	応永の乱（大内義弘）
足利義教…	1438年	永享の乱（足利持氏）
	1441年	嘉吉の乱（赤松満祐が義教を殺害）

問5　享徳の乱…鎌倉公方となった足利成氏（持氏の子）が関東管領上杉憲忠（上杉憲実の子）を謀殺したことをきっかけに，**享徳の乱**が始まった。

問6　赤松満祐…有力守護を弾圧する将軍義教を恐れた播磨国守護の**赤松満祐**が，自邸に将軍義教を招いて殺害した事件を嘉吉の乱という。この事件以後，**将軍の権威は大きく失墜**した。

5　問1　③（懐良親王）…後醍醐天皇の皇子。南朝の征西将軍として九州に渡り，菊池氏らに支援されて一時勢力を拡大した。

問2　②…第1回遣明船の正使は，僧の祖阿，副使は博多商人の肥富である。明の2代皇帝は「**日本国王源道義**」あての返書と明の暦大統暦を与えた。義満は3代**永楽帝**に対して，「**日本国王臣源**」と署名した。

問3　⑥…貿易を中断したのは4代義持で，再開したのは6代義教。頻出の問題。

問4　④…組合せが重要。**大内氏と博多商人**，**細川氏と堺商人**である。主導権争いは大内氏と細川氏で，両者の衝突を**寧波の乱**という。

問5　①…寧波の乱後は，貿易を大内氏が独占したが，最後の大名は**大内義隆**。大内義弘は応永の乱で義満に滅ぼされた。

1 問1 村田珠光　問2 銀閣　問3 畠山　問4 ④　問5 ②

2 問1 ③　問2 ②　問3 平等院　問4 ①　問5 富樫政親
　　問6 百姓

3 1 サ　2 ケ　3 カ　4 ス

4 1 ソ　2 テ　3 ト　4 キ　5 イ　6 エ

5 ア 梅松論　イ 職原抄　ウ 太平記　エ 五山・十刹の制
　　オ 興福寺　カ 風姿花伝〔花伝書〕　キ 書院造　ク 枯山水

6 問1 ⑤　問2 ④

解説

1 問1　村田珠光…茶道の基礎をきずいた人物だから**村田珠光**。侘茶は村田珠光→武野紹鷗→千利休の順。

問2　銀閣…足利義政が東山山荘に建てたのは**銀閣**。銀閣寺としないこと。東山山荘は義政死後に慈照寺となり，この慈照寺の通称を銀閣寺という。

問3　畠山…三管領を考えれば易しい。

問4　④（『樵談治要』）…一条兼良が足利義尚の求めで書いた政治意見書が『**樵談治要**』。

> 👆 **私大標準よく出るポイント** ▶ 室町期随一の学者一条兼良の著作
>
> 有職故実…『公事根源』（朝廷の年中行事）
>
> 政治論…『樵談治要』（９代将軍足利義尚への政治意見書）
>
> 古典研究…『花鳥余情』（源氏物語注釈書），『日本書紀纂疏』（日本書紀の研究）

問5　②（真如堂縁起絵巻）…応仁の乱の様子が描かれている貴重な資料で，とくに足軽の乱暴が描かれている場面は，教科書に掲載されている。

2 問1　③（惣）…Aの史料にある「今堀地下掟」から惣村の法（**惣掟**）だとわかれば，選択肢からの判断は可能であろう。

問2　②（宮座）…ルール違反者は座のメンバーから外すと解釈できるから，**宮座**とわかる。ほかの選択肢は，惣村に関係する用語ではない。

🈔 問3　平等院…国人や土民は，宇治の**平等院**で集会を開き，掟などを決めた。

問4　①（畠山政長・畠山義就の両軍）…**山城の国一揆**は，南山城を支配していた畠山氏を国外に退去させた。

問5　富樫政親…**加賀の一向一揆**で倒された守護大名は**富樫政親**。

問6　百姓…加賀ではほぼ百年にわたって自治支配が行われたが，それはあたかも「百姓ノ持タル国ノヤウ」＝百姓が支配しているようだ，といわれた。

3 1　サ（桂女）…女性の行商人は**桂女**（桂川の鮎・飴）と**大原女**（薪・炭）。

2　ケ（永楽）…これは易しい。**永楽通宝**，**洪武通宝**，**宣徳通宝**の３つは暗記。

3　カ（撰銭）…悪銭をきらって良銭を選ぶ行為が撰銭で，取引を円滑にするため悪貨との交換比率を定め，撰銭を制限させる法令が撰銭令である。

4　ス（馬借）…輸送業者は馬借と車借。馬借はしばしば一揆を指導した。

4　1　ソ（周文）…北山文化での水墨画は明兆→如拙→周文である。如拙の代表作が『瓢鮎図』，如拙の弟子の周文は『寒山拾得図』。周文の弟子が雪舟。

2　テ（土佐光信）…土佐光信が土佐派の地位を確立，代表作「清水寺縁起絵巻」。土佐派は大和絵，狩野派は水墨画に大和絵の手法をとりいれたと考えてよい。オの土佐光起は江戸時代前期の土佐派の画家で，宮廷絵所預として朝廷に仕えた人物。

3　ト（桂庵玄樹）…九州で薩南学派をおこしたのは桂庵玄樹，土佐で海南学派をおこしたのは南村梅軒。

4　キ（俳諧）…戦国時代に山崎宗鑑が出て，俳諧連歌を作った。滑稽な，あるいは俗語を用いた連歌だったので評価が低かったが，後に松尾芭蕉が評価した。

5　イ（『犬筑波集』）…山崎宗鑑は『犬筑波集』を編集した。

> ✋ **私大標準よく出るポイント** 》》　連歌の流れと著作
>
> 南北朝期…二条良基『菟玖波集』が準勅撰，『応安新式』（連歌作成上の規則）。
> 東山文化…宗祇，正風連歌を確立。『新撰菟玖波集』，『水無瀬三吟百韻』。
> 戦国時代…山崎宗鑑，俳諧連歌の祖。『犬筑波集』。

6　エ（念仏踊り）…盆踊りは風流と念仏踊り（一遍）が結びついて成立。

5　ア　梅松論…南北朝の動乱を武家の側から描いたのは『梅松論』。詳しくは，前章の解説の「私大標準よく出るポイント」を参照。

イ　職原抄…日本の官職制度を解説したのは『職原抄』，『神皇正統記』は歴史書。

ウ　太平記…動乱の全体像をいきいきと描いた軍記物は『太平記』である。

エ　五山・十刹の制…五山・十刹の制は，中国の官寺の制にならったもの。

オ　興福寺…大和猿楽四座は興福寺所属の猿楽として発展した。

カ　風姿花伝〔花伝書〕…観阿弥の子世阿弥の著作が『風姿花伝〔花伝書〕』。

キ　書院造…東山文化の建築様式といえば書院造。現代の和風住宅の基本となった。

ク　枯山水…龍安寺石庭のように，禅宗寺院の庭園には枯山水がつくられた。

6　問1　⑤（武田信玄）…この事例としては，武田氏・今川氏・島津氏が重要。

問2　④…灰吹法という精錬技術が朝鮮から伝えられたこともあって，鉱山開発が進んだ。①－石高でなく貫高で表示した。②－駿河・遠江を支配したのは今川氏。引用史料は『今川仮名目録』である。③－引用史料は武田氏の『甲州法度之次第』である。⑤－教科書は『庭訓往来』や『御成敗式目』〔『貞永式目』〕などであった。

11 織豊政権

問題：本冊 p.44

---

1 問1 **4** 問2 **1** 問3 **1** 問4 **2**

2 問1 **⑤** 問2 **①**

3 問 **④**

4 問1 **2** 問2 **3** 問3 **1** 問4 **3** 問5 **2** 問6 **2**

解説

1 問1 **4**（ヴァリニャーニ）…ヴァリニャーニ（イタリア）は覚える項目の多い宣教師である。主な業績として1-**天正遣欧使節**を勧めた。2-**活字印刷術**を伝えた。3-府内に**コレジオ**（宣教師養成学校）をつくったことなどが挙げられる。

> 👆 **私大標準よく出るポイント** ▶ **宣教師の業績**
>
> フランシスコ＝ザビエル…鹿児島に来航，山口（大内義隆）・府内（大友義鎮）などで布教した。
> ガスパル＝ヴィレラ…「**耶蘇会士日本通信**」で自治都市堺を報告。
> ルイス＝フロイス…織田信長から布教の許可を得る。著書『**日本史**』，長崎で没。
> オルガンティノ…京都に教会堂（南蛮寺），安土に**セミナリオ**（神学校）を建立。
> ヴァリニャーニ…上記の解説を参照。

問2 **1**（大内義隆）…大内義隆はザビエルを山口に招いて保護したが，キリシタン大名ではない。なお，2-大友義鎮，3-有馬晴信，4-大村純忠のキリシタン大名のうち，最初に洗礼を受けた大名は，大村純忠である。

問3 **1**（南蛮寺）…キリスト教会は南蛮寺とよばれた。とくにオルガンティノが高山右近らの協力のもとに建てた京都の教会が有名。なお，4-耶蘇会はフランシスコ＝ザビエルらが創設したイエズス会のこと。

問4 **2**（伊曽保物語）…天草版はキリシタン版ともよばれ，ヴァリニャーニによって伝えられた印刷技術によって天草などで出版されたもので，『平家物語』，『**伊曽保物語**』（イソップ物語）などがある。

2 問1 **⑤**…織田信長は，堺に矢銭2万貫を要求し直轄地とした。①-高野山金剛峰寺でなく**比叡山延暦寺**である。②-石山本願寺とは1570年から11年間の戦い（**石山戦争**）を続けたので，顕如が屈伏したのは1580年のこと。③-信長はむしろ関所を撤廃して，物資の流通や軍隊の機動性を確保しようとした。④-安土城下町に**楽市令**を出したが，それによって特権的な座を否定し，自由な売買を保障して商業の発展をはかった。

問2 **①**…豊臣秀吉も堺を直轄地とした。そして，堺の豪商**千利休**や津田宗及らを統制し，彼らの経済力を利用した。②-主要な鉱山を直轄として，**天正大判**，天正通宝，文禄通宝を鋳造した。③-太閤検地では，枡の容量も**京枡**に統一した。なお，統一枡は後三条天皇の時の**宣旨枡**と秀吉の**京枡**であった。④-太閤検地の

一地一作人の原則によって，荘園制以来の複雑な権利関係は整理された。また，検地帳に登録されることによって，農民は自分の土地の所有権を法的に認められることになった。ただ，そのかわりに農民は年貢納入を義務づけられた。⑤−これは身分統制令ともいい，武家奉公人が町人・百姓になることを禁じると同時に，百姓が商人・職人など転業することも禁止した。

3 問 ④…一地一作人の原則はその土地に対する従来の複雑な権利関係を整理し，中間搾取を否定するものなので，**荘園公領制（荘園制）**が解体された。①−1段は360歩でなく300歩。②−指出検地でなく，実際に役人を現地に派遣して直接調査するものであった。③−貫高制でなく石高制が確立された。⑤−検地帳は土地台帳なので，大名の居城などは記載されない。

私大標準よく出るポイント ≫ 豊臣秀吉の土地政策

太閤検地…秀吉が行った検地を総称して**太閤検地＝天正の石直し**という。
検地条目…**1段＝300歩**（古代律令では1段＝360歩），1間＝6尺3寸。
枡…**京枡**に統一。
検地帳…検地帳に登録された耕作者は**名請人**とよばれ，**その土地に対する耕作権を承認されるかわりに，年貢納入を義務づけられた。**
年貢…年貢率は**二公一民**。
一地一作人の原則…この原則により，中世以来の複雑な権利関係を否定し，**荘園公領制〔荘園制〕を消滅させた。**

4 問1 2（北野神社）…豊臣秀吉が京都の北野天満宮〔北野神社〕で催した大茶会で，**北野大茶湯**という。貧富・身分の区別なく民衆を参加させた。

難 問2 3（今井宗久）…今井宗久は堺の豪商。武野紹鴎に茶を学び，その女婿となる。信長や秀吉に仕え，千利休，津田宗及とともに三宗匠と称された。1−古田織部は信長・秀吉・家康・秀忠に仕えた武将。千利休の高弟で，小堀遠州に茶を伝える。2−小堀遠州は秀吉，家康に仕えた武将。建築・造園家でもある。4−織田有楽斎は信長の弟。関ヶ原の戦いでは徳川家康にしたがった。

問3 1（妙喜庵）…千利休が設計したのは簡素な2畳の茶室で，京都府大山崎町の臨済宗の寺院妙喜庵に残されている。茶室は待庵〔妙喜庵待庵〕という。

問4 3（播磨）…姫路城は兵庫県姫路市にあるので，旧播磨国である。城の歴史は古いが，現在のような規模に築城したのは藩主となった池田輝政である。

問5 2（狩野永徳）…「洛中洛外図屛風」は室町時代〜江戸時代まで複数存在するが，選択肢の中でこれを描いたのは，狩野永徳である。織田信長が上杉謙信に贈ったと伝えられる上杉家本（狩野永徳筆）が有名。

問6 2（瀬戸焼）…瀬戸焼は尾張国瀬戸付近で生産された陶磁器で，平安時代から始まる。鎌倉時代に，加藤景正が宋から陶法を伝来し瀬戸焼を興したという伝承がある。

1 問1 ③ 問2 ③ 問3 ② 問4 ④ 問5 ①
2 問1 ④ 問2 近衛，九条，二条，一条，鷹司から2つ
　　問3 太政大臣，左大臣，右大臣 問4 沢庵
3 問1 ④ 問2 ④ 問3 ④ 問4 ① 問5 ① 問6 ①
4 問1 島原の乱〔島原・天草一揆〕 問2 ポルトガル
　　問3 通信の国…朝鮮・琉球王国 通商の国…オランダ・中国〔明・清〕
　　問4 c

解説

1 問1 ③…徳川家康は明と国交を回復していない。中国との国交回復は明治時代になってから。

問2 ③…領地の貫高でなく石高である。貫高は戦国大名。

問3 ②…仕事は**月番交代**（1カ月交代で勤務）が特徴であった。①-臨時の最高職とは大老のことで，年寄は老中を指す。③-三奉行とは**寺社奉行・町奉行・勘定奉行**のことで，遠国奉行ではない。④-大目付は大名を監察し，目付は旗本・御家人を監察した。⑤-重要直轄地には堺奉行・長崎奉行・佐渡奉行などの遠国奉行を置いた。郡代は関東・飛驒・美濃などの直轄領に置いた。

問4 ④…a・b-禁中並公家諸法度は朝廷統制の基本法で，将軍と主従関係にあることを示すものではない。したがって，bが正文。c・d-朝廷統制の主導権を与えたのは旗本・御家人でなく関白・三公である。したがって，dが正文。

問5 ①…X-幕府は日蓮宗不受不施派に対しても弾圧を加えた。正文である。Y-武士や農民だけでなく神職〔神主〕も檀那寺の檀家となって寺請証文を受けた。正文である。

2 問1 ④…Aの史料は，2条で参勤交代が定められているので，3代将軍徳川家光が出した武家諸法度だとわかる。④-第1条「文武弓馬ノ道，専ラ相嗜ムベキ事」を「文武忠孝を励し，礼儀を正すべき事」に改めたのは，4代将軍家綱でなく5代将軍綱吉である。残りは正文である。

👆 **私大標準よく出るポイント** ▷ **武家諸法度の特徴が重要**

元和令（秀忠）…**徳川家康が将軍秀忠の名で出す**。起草は**金地院崇伝**。
寛永令（家光）…**参勤交代の制度化，大船建造の禁止**，起草は林羅山。
寛文令（家綱）…不孝者の処罰，キリスト教の禁止が加わる。
天和令（綱吉）…第1条が修正され，**忠孝・礼儀**が強調された。

問2 近衛，九条，二条，一条，鷹司…Bの史料は禁中並公家諸法度で，摂家とは**近衛，九条，二条，一条，鷹司の五摂家**のことである。摂政・関白に任ぜられるのは藤原氏北家の嫡流であったが，鎌倉時代にこの五摂家が分立して以後は，この五摂家が摂関の地位についた。

難 問3　太政大臣，左大臣，右大臣…三公とは太政大臣・左大臣・右大臣の総称。

問4　沢庵…この条文は紫衣事件に関係するもので，幕府は後水尾天皇が出した勅許を無効にし，これに抗議した大徳寺の**沢庵**を出羽に流刑にした。

3　問1　④…貿易は慶州でなく釜山の倭館で行われた。③–己酉約条は幕府とではなく，対馬藩と朝鮮との間で結んだ条約なので注意が必要。

問2　④…X–明船でなく清船との交易はさかんであった。Y–幕府は，明・清ともに正式な国交を結ばなかった。X・Yともに誤り。

問3　③…X–コシャマインの戦いは，室町時代の1457年におきた蜂起。シャクシャインの戦いが正しい。Y–アイヌとの交易の場所を**商場〔場所〕**とよび，松前藩では家臣に知行としてアイヌとの交易権が与えられた。この松前藩独自の制度を**商場知行制**という。

問4　④…交易地は東南アジアの各地で，インドのゴアは含まれていない。

問5　①…最初は，京都・堺・長崎の特定の商人に限定されていた。後に江戸と大坂の商人が加わって**五カ所商人**とよばれた。②–中国商人でなくポルトガル人の暴利を抑えるため。③–この仲間が輸入生糸の価格を決め，一括購入した。④–①で解説したとおり，後に江戸と大坂の商人が加わった。

問6　①…朝鮮からは**通信使**が来日した。なお，初めの3回は**回答兼刷還使**といった。一方，薩摩藩は，琉球王国からは国王の代がわりごとに謝恩使を，将軍の代がわりごとに慶賀使を派遣した。

4　問1　島原の乱〔島原・天草一揆〕…この史料は寛永16年禁令（第5次鎖国令）である。**島原の乱**がおこったことで，ポルトガル船の来航を禁止した。

問2　ポルトガル…すでに1624年にスペイン船の来航を禁止しているので，これはポルトガルを指す。史料中に「かれうた」とあるので，ポルトガル船と判断できる。ポルトガルはガレオン船，のちガレオタ船で来航したので，訛って「かれうた」といわれたという。

問3　通信の国…朝鮮・琉球王国，通商の国…オランダ・中国〔明・清〕…幕府は国交が結ばれている国を通信国とよび，貿易関係だけの通商国と区別した。

問4　c（福井）…鎖国あるいは近世日本の対外関係を理解する見解で，対外的な窓口は4つ（長崎・対馬・薩摩・松前）あった，と理解されている。

👆 **私大標準よく出るポイント** ≫ **鎖国の新しい理解**

長崎口…オランダ・中国→オランダ商館長は江戸参府。
対馬口…朝鮮→対馬の宗氏の案内で通信使の江戸参府。
薩摩口…琉球王国→島津氏の案内で慶賀使・謝恩使の江戸参府。
松前口…アイヌ→松前藩主に謁見の礼。

1 問1　④　問2　③　問3　④　問4　③　問5　③
　　問6　③　問7　1　堀田正俊　2　柳沢吉保　3　間部詮房
2 問1　荻原　問2　徳川綱吉　問3　新井白石
3 問1　②　問2　④　問3　①　問4　②　問5　③　問6　④
4 問1　②　問2　④　問3　②　問4　④　問5　②
　　問6　①　問7　④　問8　①　問9　①

解説 **1** 問1　④…富士山大噴火は5代将軍綱吉の時代。この噴火で宝永山ができた。富士山大噴火は難しいが，消去法で解ける。①・③-4代家綱の代表的な政策，②-明暦の大火も家綱の時代。ほかに，東廻り海運・西廻り海運の整備（河村瑞賢）やシャクシャインの戦いも家綱の時代。

問2　③…X-藩では，地方知行制から俸禄制へと移行した。Y-岡山藩主池田光政，熊沢蕃山の登用，ともに正しい。各藩の文治政治の整理が必要である。

問3　④…これは寛政異学の禁で，松平定信の政策である。5代将軍綱吉の時代には，①-服忌令，②-生類憐みの令が出された。また，③-この事件がおこり，旧浅野家の家臣たちが吉良義央を討って復讐するという赤穂事件に発展した。

> 👆 **私大標準よく出るポイント** ▶▶ **5代徳川綱吉の文治政治**
>
> 武家諸法度…第1条を「文武忠孝を励し，礼儀を正すべき事」と改めた。
> 侍講…木下順庵（新井白石の師）を登用した。
> 儒学奨励…林信篤（＝鳳岡）を大学頭に任命し，湯島聖堂を建立した。また，林家の塾弘文館を湯島に移設して聖堂学問所とした。
> 学問研究…天文方に安井算哲（のち渋川春海），歌学方に北村季吟を登用した。

問4　③…X-閑院宮家を創設したのは新井白石。Y-正文である。

問5　③　(57%)…家康の時の慶長小判は①84％であるのに対して，元禄小判の金の含有率は③57％であった。

問6　③…新井白石は，シドッチから得た情報をもとに『西洋紀聞』と『采覧異言』を著した。①-白石は，朝鮮通信使の待遇を簡素化した。②-蝦夷地開発計画は田沼意次の政策。④-正徳小判は金の含有率を上げて慶長小判と同率にした。

> 👆 **私大標準よく出るポイント** ▶▶ **6代・7代将軍(新井白石)の文治政治**
>
> 将軍権威の高揚…儀式・典礼を整備して家格や身分の秩序を重視した。
> 朝幕関係の融和…閑院宮家の創設，将軍家継と2歳の皇女との婚約。
> 朝鮮通信使…朝鮮通信使の待遇を簡素化した。
> 将軍称号の変更…朝鮮国王からの国書の将軍称号を，「日本国大君殿下」から「日本国王」に改めさせた。

問7 1＝堀田正俊…綱吉の時代の前半は大老堀田正俊が補佐した。2＝柳沢吉保…後半は側用人柳沢吉保が補佐した。3＝間部詮房…6代・7代将軍の時代は，**新井白石**と側用人間部詮房が担当した。

2 **問1** 荻原…史料中の「重秀」は，貨幣改鋳を献策した勘定吟味役荻原重秀。荻原の献策によって元禄金銀が発行された。

問2 徳川綱吉…元禄金銀の発行なので，第5代将軍とわかる。

問3 新井白石…史料は**新井白石**の『折たく柴の記』で，白石が荻原重秀から幕府の財政状況を聞いている部分である。

3 **問1** ②…初代三井高利は江戸に越後屋呉服店を開業。①−蔵屋敷は大坂，江戸，大津，長崎などに置かれたが，とくに大坂が多かった。③−大坂は二十四組問屋，江戸は十組問屋。④−18世紀，江戸の人口は100万人，大坂の人口は35万人。

問2 ④…角倉了以でなく河村瑞賢である。

問3 ①（宮崎安貞）…**宮崎安貞**『農業全書』は日本最初の体系的農書。

問4 ②…干鰯・〆粕は金肥として重視された。俵物とは，いりこ・ほしあわび・ふかのひれを俵に詰めたもの。

問5 ③（徳川家康）…慶長金銀の鋳造によって，近世的貨幣制度が整備された。

問6 ④…銭座は初め江戸・近江坂本に設置，のち民間請負となり，全国各地でつくられた。金座・銀座は，江戸後期に江戸に一本化された。

4 **問1** ②（権現造）…日光東照宮は**権現造**の代表的な例である。

問2 ④…①萩焼，②高取焼（福岡），平戸焼はみな朝鮮出兵で連れ帰った朝鮮人陶工が始めたもの。④備前焼は鎌倉・室町期に始まった。

問3 ②（作者 井原西鶴 作品 世間胸算用）…『世間胸算用』は『日本永代蔵』とともに井原西鶴の町人物の代表作。残りの作品の組合せは，近松門左衛門『曽根崎心中』『国性〔姓〕爺合戦』，井原西鶴『日本永代蔵』『武家義理物語』，松尾芭蕉『猿蓑』である。

問4 ④（ア 談林俳諧 イ 蕉風俳諧）…アは西山宗因の談林俳諧，イは松尾芭蕉の**蕉風俳諧**である。アがわからなくてもイがわかれば，選択肢から正解が得られる。蕉風は「幽玄・閑寂」「さび・しおり・かるみ」などがキーワード。

問5 ②（藤原惺窩）…近世儒学の祖は**藤原惺窩**。門弟の一人とは，林羅山。

問6 ①（蘐園塾）…**荻生徂徠**が江戸に開いた塾は蘐園塾。

問7 ④（庶物類纂）…稲生若水が編集した本草学の著書は『庶物類纂』。①『本草綱目』は中国の本草学の書物。②『大和本草』は貝原益軒の著書。

問8 ①（吉田光由）…『塵劫記』は吉田光由の著書。②関孝和は『発微算法』。

問9 ①（貞享暦）…渋川春海〔安井算哲〕は，平安時代からの②宣明暦に対して，元の④授時暦を参考に**貞享暦**を作った。③寛政暦は，高橋至時らが間接的に西洋天文学の成果をとりいれて作成した暦である。

問題：本冊 p.54

1 問1　A　②　B　④　C　⑤　問2　①　問3　②
　　問4　相対済し令　問5　①
2 ア　工藤平助　イ　旧里帰農令　ウ　林子平　問1　②　問2　④
　　問3　④　問4　①　問5　②　問6　④　問7　②　問8　①
3 問a　3　問b　1　問c　2　問d　4　問e　1　問f　1　問g　3

解説

1 問1　A＝②（家康）…徳川吉宗は改革にあたって，「諸事権現様御定めの通り」と指示した。権現様すなわち家康の時代を理想としたのである。

B＝④（上げ米）…吉宗の財政政策の1つが，上げ米であった。

C＝⑤（公事方御定書）…大岡忠相らに公事方御定書を編纂させ，法に基づく合理的な政治を進めた。

👆 **私大標準よく出るポイント** ▶▶ 享保の改革の財政再建政策

> 上げ米（上げ米の制）…大名から1万石につき米100石を上納させ，その代わり，参勤交代の江戸在府期間を半減した。
> 定免法…豊凶に関係なく，税率を一定期間同じ率にする定免法を採用した。また，年貢率を引き上げ，四公六民から五公五民へ変更した。
> 新田開発…日本橋に高札をたて，商人資本による町人請負新田の開発を奨励。

問2　①（青木昆陽）…青木昆陽は『甘藷記』や『蕃藷考』を著して，甘藷（さつまいも）の栽培を勧めた。

問3　②…田中丘隅は『民間省要』を吉宗に献上したことで登用された。①−寺社奉行は旗本でなく譜代大名が就任。③−足高の制の説明。④−大岡忠相は勘定奉行でなく町奉行に登用された。⑤−岡田寒泉は寛政三博士の一人。時代が異なる。

問4　相対済し令…金銀貸借の訴訟が増加して裁判が遅れたので，金銀貸借の訴訟を受理しないで，当事者間で解決させる相対済し令を出した。

問5　①…①が公事方御定書。②は棄捐令。③は寛政異学の禁。④は生類憐みの令。

2 ア＝工藤平助…『赤蝦夷風説考』を著したのは仙台藩医工藤平助である。

イ＝旧里帰農令…松平定信は旧里帰農令で帰村を奨励して農村復興を図ろうとした。

ウ＝林子平…『海国兵談』を著したのは仙台藩士林子平である。

問1　②…田沼意次は銅座・鉄座・朝鮮人参座などを設けた。①−享保の改革の政策。③−十組問屋仲間結成は元禄時代。④−寛政の改革の政策。⑤−銀座が江戸に設けられたのは1612年のこと。

問2　④（最上徳内）…最上徳内は生涯9回も蝦夷地に渡った。

問3　④…銀貨は秤量貨幣であったが，意次は計数貨幣の南鐐二朱銀を鋳造した。

8枚で16朱になるので小判1枚と交換できた。①-株仲間を積極的に公認した。②-意次は江戸だけでなく大坂の商業資本を導入した。③-佐賀藩が反射炉や大砲の鋳造を開始したのは，ペリー来航の3年前。江川太郎左衛門は幕府の代官。

私大標準よく出るポイント ▶▶ **田沼意次の都市・商業政策**

株仲間の公認…**運上・冥加金**（営業税）を徴収した。
専売〔制〕…**銅座**・鉄座・真鍮座・朝鮮人参座の座を設けた。
長崎貿易…銅・俵物の輸出奨励→貨幣改鋳のための金銀の輸入増加をはかった。
蝦夷地開発計画…工藤平助『**赤蝦夷風説考**』により最上徳内らを蝦夷地に派遣。

問4 ①（宇下人言）…『**宇下人言**』は松平定信の自叙伝。随筆に『**花月草紙**』がある。②『政談』は荻生徂徠，③『経世秘策』は本多利明，④『夢の代』は山片蟠桃の著作。

問5 ②（棄捐令）…定信が出した**棄捐令**は，札差に**6年以前の借金を破棄**させた。それ以後の借金は低利子で返済させた。

問6 ④（70%）…この政策は**七分積金**〔**七分金積立**〕で町入用の節約分の70%を積み立てさせる制度。七分は①7％の意味ではない。

私大標準よく出るポイント ▶▶ **寛政の改革の都市・商業政策**

石川島人足寄場…無宿人を強制的に収容し，職業訓練で技術を身につけさせた。
七分積金…江戸の**町入用**の節約分の70%を積み立て，**江戸町会所**で資金運用した。飢饉・災害時に貧民を救済した。
棄捐令…旗本・御家人の救済のため，札差に**6年以前の借金を破棄**させた。

問7 ①（恋川春町）…黄表紙作家**恋川春町**の『鸚鵡返文武二道』が，寛政の改革を風刺したことで弾圧を受けた。**山東京伝**『仕懸文庫』も弾圧されたが，これは洒落本。

問8 ①（尊号一件）…**光格天皇**が実父の閑院宮典仁親王に太上天皇の尊号を贈ろうとして老中松平定信に拒否された事件。松平定信の老中解任の一因となった。

3 **問a** 3（浅間山）…天明の飢饉に浅間山の大噴火が重なり大きな被害となった。
　　問b 1（東北）…天明の飢饉は東北地方中心に多くの犠牲者が出た。
問c 2（天保）…天保の飢饉である。江戸の三大飢饉は享保・天明・天保の飢饉。
問d 4（惣百姓一揆）…江戸初期の**代表越訴型一揆**から，中期になると多数の農民が参加する**惣百姓一揆**に発展していった。
問e 1（大地震）…大地震は無関係。4=うんかは，稲の汁液を吸い枯らす害虫。
問f 1（囲米）…幕府や諸藩が，籾で貯蔵させた。とくに，寛政の改革で，松平定信が大名に対して石高1万石につき50石の籾を貯蔵させた**囲米（の制）**は有名。
問g 3（加茂一揆）…天保の飢饉の中，三河国加茂郡で**世直し一揆**がおこった。

1 問1 ②　問2 ⑤　問3 ③　問4 ⑤　問5 ③　問6 ⑥

2 問1 ④　問2 ①　問3 ④　問4 ③

3 ア　安藤昌益　イ　自然真営道　ウ　尊王　エ　本居宣長

4 問1 3　問2 4　問3 4　問4 1　問5 2

　　問6 2　問7 4　問8 3　問9 1

解説

1 問1　②（A＝ラックスマン　B＝大黒屋光太夫）…A-ラックスマンは，B-漂流民大黒屋光太夫を伴って根室に来航した。レザノフの来航は1804年。高田屋嘉兵衛は択捉航路を開いた商人。

問2　⑤（A＝近藤重蔵　B＝間宮林蔵）…A-近藤重蔵は択捉島に「**大日本恵登呂府**」の標柱を建てた。B-間宮林蔵は樺太とその対岸を探検し，**間宮海峡**を発見した。

👆 **私大標準よく出るポイント** ▶ **蝦夷地探検の順番**

天明期	最上徳内…田沼意次が派遣→得撫島まで探査。
寛政期	近藤重蔵…択捉島に「**大日本恵登呂府**」の標柱を建てる。
寛政期	伊能忠敬…蝦夷地東南海岸を測量→のち各地の沿岸を測量し地図を作成。
文化期	間宮林蔵…樺太・沿海州を探査→**間宮海峡の発見**。

問3　③（フェートン号）…フェートン号事件などにより，幕府は**異国船打払令**を出した。

問4　⑤（鳴滝塾）…シーボルトの**鳴滝塾**から高野長英や伊東玄朴らが輩出した。

問5　③…これは**シーボルト事件**である。シーボルトが帰国する際，国外持ち出し禁止の伊能忠敬『**大日本沿海輿地全図**』などを持ち出したことが発覚した事件で，シーボルトは国外追放，門人たち蘭学者多数が処罰された。

問6　⑥（高野長英）…これは洋学者グループが弾圧された蛮社の獄である。『**慎機論**』を著した**渡辺崋山**，『**戊戌夢物語**』を著した**高野長英**らが処罰された。

2 問1　④（『浮世風呂』―式亭三馬）…式亭三馬は滑稽本『浮世風呂』『浮世床』を著した。①-『農政本論』は佐藤信淵，②-『稽古談』は海保青陵，③-『雨月物語』は上田秋成，⑤-『東海道五十三次』は歌川広重の作品。

問2　①…天保の飢饉の中，甲斐国で郡内一揆〔騒動〕，三河国で加茂一揆という**世直し一揆**がおこった。②-大塩平八郎は元商人でなく元大坂町奉行所の与力。③-生田万は陽明学者でなく国学者。④-イギリス商船のリーフデ号でなくアメリカ船モリソン号。⑤-渡辺崋山は『戊戌夢物語』でなく『慎機論』を著した。

問3　④…**上知令**は江戸・大坂周辺の地を直轄地にして大名，旗本には代地を与えると定めた法令であったが，強い反対で撤回され，水野忠邦失脚の契機となった。

①-物価の引き下げには成功しなかった。②-庄内藩でなく川越藩の財政を援助する目的。③-人返しの法は帰郷奨励でなく強制するものであった。帰郷奨励は寛政の改革の旧里帰農令である。⑤-人情本作家は十返舎一九でなく為永春水。

私大標準よく出るポイント ▶▶ **天保の改革の政策**

株仲間の解散…物価高の元凶が株仲間だとして解散させた→物価は下がらず。
人返しの法…江戸流入の農民を強制帰村させ農村復興をめざした。
三方領知替え…川越藩の財政援助のため, 川越・庄内・長岡藩の入替えをはかったが, 有力外様大名や領民の反対にあい撤回した。
上知令…江戸・大坂周辺の約50万石を幕府の直轄地としようとした→失敗。

問4 ③…X-黒砂糖の専売や密貿易の語から薩摩藩の藩政改革とわかる。したがってd-調所広郷。Y-下関の越荷方から長州藩とわかる。したがってa-村田清風。

---

3 ア 安藤昌益…「封建的な身分制度を否定」の文から**安藤昌益**と解答できる。安藤昌益は万人直耕の「自然世」（平等社会）を理想とした。

イ 自然真営道…安藤昌益の主要著書である。

ウ 尊王斥覇…尊王斥覇（水戸学で強調された考え方）から判断するのは難しいが, 山県大弐から尊王論を導き出すことはできるであろう。**宝暦事件**で**竹内式部**が追放され, **明和事件**で**山県大弐**が死刑になった。

エ 本居宣長…国学を大成したのが**本居宣長**で, 『**古事記伝**』を著した。

---

4 問1 3（平賀源内）…**エレキテル**だけでなく, 火浣布や寒暖計などをつくったことも重要である。西洋画にもすぐれ, 「西洋婦人図」の作品がある。

問2 4（芝蘭堂）…大槻玄沢の塾は**芝蘭堂**。この塾でのテキストとしてつくったのが『**蘭学階梯**』である。塾生に『ハルマ和解』を編集した**稲村三伯**がいる。

問3 3（東海道中膝栗毛）…これは滑稽本である。読本は勧善懲悪や因果応報をベースにした歴史的伝奇小説である。

問4 1（仮名手本忠臣蔵）…赤穂浪士のあだ討ちを題材とする戯曲。2-『東海道四谷怪談』は鶴屋南北, 3-『本朝廿四孝』は近松半二, 4-『冥途の飛脚』は近松門左衛門の作品。

問5 2（伊勢神宮）…御蔭参りとは, 江戸時代に流行した伊勢神宮への集団参詣のこと。

問6 2…米沢藩は興譲館。上杉治憲が藩政改革の一環として再興した。

問7 4（円山応挙）…「雪松図屛風」は円山応挙の代表作。

問8 3（池大雅）…「十便十宜図」は文人画の代表作で, **池大雅**と**蕪村**の合作（十便図が池大雅, 十宜図が蕪村）。

問9 1（高橋至時）…伊能忠敬は幕府天文方高橋至時に測地・暦法を学んだ。

16 幕末

問題：本冊 p.62

---

1 問1 ⑤ 問2 ⑤ 問3 ②
2 問1 寺田屋事件 問2 文久の改革 問3 パークス
　　問4 改税約書 問5 小御所会議〔三職会議〕
3 ア 木戸孝允〔桂小五郎〕 イ 高杉晋作 ウ 船中八策
　　エ 山内豊信〔容堂〕 オ 岩倉具視

解説

1 問1 ⑤…X–阿部正弘は，国防を充実する必要から江戸湾品川沖に台場（砲台）をきずいたり，前水戸藩主徳川斉昭の意見で，大船建造の禁を解いた。正文。Y–勝海舟でなく前水戸藩主徳川斉昭を任命した。Z–阿部正弘は朝廷に報告した。この結果，朝廷の権威を高める契機となった。Y・Zともに誤文である。なお，阿部正弘を中心とする改革を，**安政の改革**という。

問2 ⑤…開港は下田・箱館2港であるが，領事の駐在は下田に求めた。

問3 ②…これは日米和親条約の条文である。残りは日米修好通商条約の条文。①–自由貿易の規定。③–協定関税制（日本に関税自主権がない）の規定。④–領事裁判権〔治外法権〕の規定。

👆 **私大標準よく出るポイント** ▶▶ 開国による貿易の内容と影響

主要貿易港…**横浜**

最大相手国…**イギリス**（アメリカではない）

輸出品…**生糸**や茶

影響…①物価騰貴（大幅な**輸出超過**）②金貨の海外流出（**金銀比価の相違**⇒日本1：5，外国1：15）③産業の変化（製糸業ではマニュファクチュアが発展）④流通の変化（**五品江戸廻送令**を出して貿易統制をはかる）

---

2 🔺 問1 寺田屋事件…公武合体を推進していた**島津久光**（薩摩藩主島津忠義の父）にとって，同じ薩摩藩の有馬新七ら尊攘派による挙兵計画は無謀な行為であり，薩摩藩兵を薩摩藩船宿であった寺田屋に派遣して殺害させた。

問2 文久の改革…そして久光は，勅使大原重徳を擁して江戸に下り，一橋慶喜の将軍後見職，松平慶永の政事総裁職就任などを実現させた。これを**文久の改革**という。

問3 パークス…イギリス第2代公使は**パークス**である。パークスは薩長両藩に接近・支援して，倒幕や明治新政府樹立の推進に大きな役割を果たした。この時期，幕府を援助したフランス公使ロッシュとは対立的関係にあった。

問4 改税約書…江戸協約ともいう。**改税約書**は安政の五カ国条約の輸入関税を一律5％に引き下げるもので，諸外国に有利となった。そのため外国商品は，以後，安値で大量に流入することとなった。注意したいのは，大幅な**輸出超過**であった貿易が，1866年から**輸入超過**に変わった点である。1894年に廃棄。

問5　小御所会議〔三職会議〕…**王政復古の大号令**で幕府と摂政・関白を廃止し，新たに**総裁・議定・参与**の三職を設置した。その新政府の初めての会議（三職会議）が小御所で開かれたので，**小御所会議**という。テーマは内大臣徳川慶喜の処分。**辞官納地**を命じる処分が決定された。

3　ア　木戸孝允〔桂小五郎〕…**薩長連合〔同盟〕**は，京都薩摩藩邸において，薩摩藩から小松帯刀・**西郷隆盛**，長州藩から**木戸孝允**が参加して軍事同盟の密約を結んだ。注意したいのは，**大久保利通**は，この時，この会合に参加していない。
　　イ　高杉晋作…奇兵隊を組織したのは**高杉晋作**である。
　　ウ　船中八策…**船中八策**は，坂本龍馬が構想した8カ条からなる新しい国家体制のプランである。欧米の議会制度の知識を借りて，**二院制議会**などが提案されている。
　　エ　山内豊信〔容堂〕…後藤象二郎は坂本龍馬から示された船中八策から**大政奉還**と諸侯会議による新しい政権構想を考え，前土佐藩主**山内豊信〔容堂〕**に大政奉還の必要性を説いた。これは**公議政体論**とよばれ，徳川慶喜を議長とする議会などが構想されている。
　　オ　岩倉具視…**岩倉具視**の工作で，討幕の密勅が薩長両藩主に下された。しかし，翌日に大政奉還が勅許されたので，倒幕派は慶喜追討の口実を失った。そのため，いわば，その巻き返しが王政復古の大号令であった。最後の局面で，大政奉還派と王政復古派がせめぎあっていたのである。

> 私大標準よく出るポイント　≫≫　**大政奉還と王政復古の違い**
>
> 大政奉還…徳川慶喜主導による諸藩の連合政権の構想（後藤象二郎・山内豊信らの土佐藩，徳川慶喜など）。
> 王政復古…天皇中心の中央集権国家体制の構想（岩倉具視や薩長の倒幕派）。

問題：本冊 p.64

1 問1 c 問2 c 問3 知藩事 問4 廃藩置県 問5 新貨条例
2 問1 2 問2 1 問3 1 問4 3
3 問1 ④ 問2 ③ 問3 ④

解説 **1** 問1 c…史料は1871年に出された廃藩置県の詔である。「更始ノ時」，すなわち明治維新に際して，内は人民を守り，外は列国と対等に交際（「万国ト対峙」）しようとすれば，中央集権体制が必要である，という文で始まっている。

問2 c…「版」は土地，すなわち各藩の領地であり，「籍」は人民，すなわち領民の意味である。「版」から版図，「籍」から戸籍の熟語を考えればよい。

問3 知藩事…旧藩主は**知藩事**に任命された。

問4 廃藩置県…史料の最後の部分に「藩ヲ廃シ県ト為ス」とあるので，**廃藩置県**であることがわかる。

👆 **私大標準よく出るポイント** ▶ **版籍奉還と廃藩置県の相違**

版籍奉還…①薩摩・長州・土佐・肥前の4藩主による版籍奉還の上表。
②旧藩主を知藩事（地方長官）に任命，藩士に家禄を支給。
③**知藩事が徴税と軍事の両権をもつ**（藩体制がそのまま維持された）。
廃藩置県…①薩摩・長州・土佐の3藩から御親兵→軍事力を固め**廃藩置県を断行**。
②知藩事を罷免して東京居住させ，中央から派遣した府知事・県令（1886年に県知事）が地方行政を担当し，藩兵を解散した。
③藩を廃して府・県を置き，**中央集権的な国家体制**を確立。

問5 新貨条例…**伊藤博文**の建議によって公布された。**新貨条例**は円・銭・厘を単位とする最初の統一貨幣制度を確立するための条例である。

2 問1 2（1873年）…地租改正は1873年に条例を公布し，1881年までにほぼ完了した。

問2 1…X-政府は，地主や自作農（従来の年貢負担者）に地券を発行して**土地所有権**を認めた。したがって，「地券とは，土地所有権の確認証である」は正文である。Y-地租改正は，地券所有者を納税者と決めたので，「地券所有者が税金を納めた」は正文である。

難 問3 1…地券には土地の面積，土地の所有者，地価，地租率の順で記載されている。保証人は記載されていない。

問4 3…税率が地価の3％（1877年から地価の2.5％に変更）と一律になったことで，全国同一の基準で，しかも豊凶に関係なく税を徴収できるようになった。

	地租改正前	地租改正後
課税基準	収穫高	地 価
税 率	一定せず	地価の3%（1877年から2.5%）
納税法	物納（現物納）	金 納
納税者	耕作者	土地所有者

私大標準よく出るポイント　地租改正による租税の変更点

3 難 問1　④…難しい史料問題であるが，徴兵令の前提となった徴兵告諭の一文と指示されているので，④-史料に「全国の国民で男子20歳になった者は兵籍に編入」という内容があることから，判断できるであろう。①-1882年に公布された軍人勅諭，②-1954年に公布された自衛隊法，③-1941年に東条英機陸相の名で出された戦陣訓。

問2　③…転職する士族の中には，慣れない商売に手を出して失敗した者も多かった。「士族の商法」といわれた。①-秩禄奉還の法はすべての受給者ではなく奉還希望者だけであった。②-華族・士族に支給されるのは富突でなく家禄，明治維新の功労者に与えられるのは庚申講でなく賞典禄，である。④-棄捐令でなく屯田兵などの士族授産の政策をとった。

問3　④…砲兵工廠は大砲や弾薬などの兵器を製造する工場のこと。旧幕府の施設を継承して東京と大阪に設けられた。それぞれ東京砲兵工廠，大阪砲兵工廠という。①-第一国立銀行は五代友厚でなく渋沢栄一を頭取として設立。②-札幌農学校はモッセでなくクラークを教頭として招いた。③-上野・青森間の鉄道は，工部省でなく民営の日本鉄道会社によって敷設された。日本鉄道会社はわが国最初の私鉄。

✓ 担当者（中心人物）ごとによる近代化政策

大久保利通・木戸孝允	版籍奉還	
	廃藩置県	＊西郷隆盛が加わり廃藩置県を断行
山県有朋	徴兵令	＊国民皆兵の構想は大村益次郎
伊藤博文・渋沢栄一	新貨条例	国立銀行条例
大久保利通	内務省設置	＊大久保が初代内務卿となって官営模範工場など殖産興業を推進

1	問1　エ　問2　民撰議院　問3　ウ
2	問1　A　③　B　①　C　②　D　①　問2　②　問3　⑤　問4　③
3	問1　③　問2　②　問3　④
4	問1　ア　寺島宗則　イ　井上馨　問2　ノルマントン号事件
	問3　ボアソナード　問4　大津事件　問5　⑤　問6　③

解説

1 問1　エ（藩閥官僚）…有司は役人・官僚の意味で，ここでは大久保利通を中心とする藩閥官僚のことである。板垣退助らは「有司専制」と批判した。

問2　民撰議院…この史料は民撰議院設立の建白書。大久保を中心とする藩閥政府の独裁（有司専制）に対して，国会の開設を要求した。

問3　ウ…Ⅲ西南戦争が1877年，Ⅰ開拓使官有物払下げ事件が1881年，Ⅳ秩父事件が1884年，Ⅱ保安条例が1887年である。よって，ウのⅢ→Ⅰ→Ⅳ→Ⅱの順。

私大標準よく出るポイント　自由民権運動の流れと主要な事項

発生期…1874〜1876年頃
　①1874年民撰議院設立の建白書　②1875年大阪会議
発展期…1877〜1881年頃
　①1877年立志社建白　②1880年国会期成同盟
　③1881年明治十四年の政変
激化期…1882〜1885年頃
　①1882年福島事件　②1884年自由党解党　③1884年秩父事件
再結集期…1886〜1889年
　①1887年大同団結運動・三大事件建白運動　②1887年保安条例

2 問1　A＝③（江藤新平）…佐賀の乱をおこしたのは江藤新平。彼は征韓論で下野したあと，東京で板垣退助らと愛国公党を設立して民撰議院設立の建白書を政府に提出した。郷里佐賀に戻ると，征韓党の首領に迎えられ挙兵した。

B＝①（板垣退助）…土佐で立志社をおこしたのは板垣退助。

C＝②（大隈重信）…イギリス型の議院内閣制の早期導入を求めていたのは大隈重信。明治十四年の政変で政府から追放された。

D＝①（植木枝盛）…「東洋大日本国国憲按」を起草したのは植木枝盛。

私大標準よく出るポイント　主要な私擬憲法案

自由党系…①東洋大日本国国憲按（植木枝盛）②日本憲法見込案（立志社）
立憲改進党系…私擬憲法案（交詢社＝馬場辰猪・矢野文雄ら）
その他…五日市憲法草案（千葉卓三郎）

（難）**問2** ②…士族はむしろ軍人・警官・教員になっていった。①の文章は誤解を与えかねないが，廃藩置県後も士族に家禄を与えた，という意味では正しい。

問3 ⑤…治安警察法は1900年第2次山県有朋内閣が制定したので，時代が違う。

問4 ③…初期議会では，政府は超然主義の立場をとった。①-軍部大臣現役武官制は日清戦争後の1900年に制定。②-初めての政党内閣である第1次大隈重信内閣も，日清戦争後の1898年に成立した。④-立憲政友会も，日清戦争後の1900年に結成された。⑤-戊申詔書も日清戦争後の1908年に発布された。

3 **問1** ③…a-大日本帝国憲法第5条に「天皇ハ帝国議会ノ協賛ヲ以テ立法権ヲ行フ」とあるので正文。d-同じく第71条に，予算案が不成立の場合は前年度の予算をそのまま施行できると規定してあるので正文。b-貴族院議員は公選されない。c-予算先議権があるのは，貴族院でなく衆議院の方である。

問2 ②…第一回衆議院議員選挙では，定員300名のうち，民党が過半数をこえる171の議席を獲得した。①-正しくは直接国税15円以上をおさめる満25歳以上の男子である。③-内務大臣品川弥二郎による選挙干渉は，第1次松方正義内閣の時。④-第二回衆議院議員選挙の結果，民党の優勢をくつがえすことはできなかった。

問3 ④（穂積八束）…「民法出デ，忠孝亡ブ」の論文を書いて，ボアソナードがつくった民法を批判したのは，帝国大学教授穂積八束である。

4 **問1** ア＝寺島宗則…岩倉使節団の次の交渉担当者が外務卿寺島宗則である。イ＝井上馨…**井上馨**は鹿鳴館外交とよばれる欧化政策が国民の反発を招いた。

問2 ノルマントン号事件…英の貨物船が紀州沖で沈没し，日本人25名が溺死した事件で，**領事裁判権〔治外法権〕撤廃**の世論が高まった。

（難）**問3** ボアソナード…**ボアソナード**が井上馨の条約改正案が国家主権の侵害であると反対したことで，三大事件建白運動の高揚をもたらした。

問4 大津事件…イギリスが条約改正に前向きになってくる中で，青木周蔵は**大津事件**のために辞任を余儀なくされた。

（難）**問5** ⑤…日清戦争前の第4議会の際に，第2次伊藤博文内閣と自由党は相互に協力姿勢をとり，予算案を成立させた。こうして自由党の支持により，改正反対の声をおさえて日英通商航海条約の調印に成功した。①から④までの事項は，すべて調印年の1894年以後の項目で，時間が合わない。

問6 ③…関税自主権の完全回復は，1911年の**小村寿太郎**外相の時である。

👆 **私大標準よく出るポイント** ≫≫ **条約改正の達成の確認**

外　相	年　代	内　閣	達成内容
陸奥宗光	1894	第2次伊藤博文	**領事裁判権の撤廃**
小村寿太郎	1911	第2次桂太郎	**関税自主権の完全回復**

1 問1 ① 問2 ②
2 問1 壬午軍乱〔壬午事変〕 問2 甲申事変 問3 防穀令
　　 問4 甲午農民戦争〔東学(党)の乱〕
3 問1 ② 問2 ④ 問3 ④
4 問1 自由党 問2 進歩党 問3 憲政党
　　 問4 軍部大臣現役武官制 問5 文官任用令 問6 立憲政友会
5 問1 ア 問2 幸徳秋水 問3 オ
6 問1 ① 問2 ④ 問3 ②

解説 **1** 問1 ①（脱亜論）…史料は福沢諭吉「脱亜論」。清仏戦争における清国の敗北や甲申事変による独立党の敗退を受け，欧米列強の侵略に対して，中国，朝鮮と共同して対処すべきだとするアジア連帯論が後退し，アジア諸国の近代化は期待できないとみるアジア蔑視感が強くなる中で書かれた。

問2 ②…天津条約では，たがいに事前通告することが定められた。①・③—朝鮮の独立の確認は下関条約。③・④—陸奥宗光でなく伊藤博文が李鴻章と結んだ。

2 問1 壬午軍乱〔壬午事変〕…日本へ接近した閔妃一族の政権の軍制改革への不満を背景に大院君が軍隊の支持を得て反乱をおこした。

問2 甲申事変…清国に接近した閔妃政権（事大党政権）に対して金玉均らの独立党がクーデタをおこした。

問3 防穀令…この穀物輸出禁止令を防穀令という。日本政府は法令を撤回させ，1893年に損害賠償をさせた（防穀令事件）。

問4 甲午農民戦争〔東学(党)の乱〕…"斥倭斥洋"をスローガンに，東学の信徒を中心に悪政の改革と排日を要求して蜂起した。甲午農民戦争という。

3 問1 ②…下関条約により，日本は遼東半島，台湾，澎湖諸島の譲渡，賠償金2億両（当時の日本円で約3億1000万円）を獲得した。①—外相は陸奥宗光。③—朝鮮は国名を大韓帝国と改めた。④—三国干渉はロシア・ドイツ・フランス。⑤—初代の台湾総督は樺山資紀。

問2 ④…ロシアから賠償金がとれなかったことで日比谷焼打ち事件がおきた。①—戦費の多くは内外債（外債約7億，内債約6億）であった。②—調停はセオドア＝ローズヴェルト大統領に依頼した。③—日本全権は小村寿太郎外相。⑤—日露戦争中は第1次ロシア革命で，ロマノフ朝が倒されたのは第2次ロシア革命。

問3 ④…ア—内政権接収は第3次日韓協約。イ—三・一運動〔三・一独立運動〕の弾圧は原敬内閣の時で，文化政治へ転換した。

👆 **私大標準よく出るポイント**　韓国併合までのプロセス

第1次日韓協約…1904年 日本政府が推薦する財政・外交顧問の採用

第2次日韓協約…1905年 **韓国の外交権をうばう** **統監府**設置(初代**伊藤博文**)
第3次日韓協約…1907年 **ハーグ密使事件**の後 内政権接収
韓国併合条約……1910年 **韓国併合** **朝鮮総督府**設置（初代**寺内正毅**）**武断
政治**

---

4 **問1** 自由党…日清戦争後には、藩閥政府と政党は提携関係になる。第2次伊
藤博文内閣は板垣退助の自由党と提携した。
問2 進歩党…松方正義内閣は大隈重信の進歩党と提携した。
問3 憲政党…自由党と進歩党が合同して衆議院に絶対多数をもつ**憲政党**が成立し、
初の政党内閣が誕生した。
問4 軍部大臣現役武官制…超然主義の立場にたつ山県有朋が、政党の力が軍部に
及ぶのを防止するために**軍部大臣現役武官制**を制定した。
問5 文官任用令…これも山県有朋が、政党勢力が官僚機構へ進出するのを防止す
るために、**文官任用令**を改正した（文官任用令改正）。

私大標準よく出るポイント **≫** **第2次山県有朋内閣の政策**

地租増徴案の実現…1898年 地価の2.5％から3.3％へ増税
文官任用令改正…1899年 高級官吏に資格規定を設けた
軍部大臣現役武官制…1900年 **現役の大将・中将から軍部大臣を任命**
治安警察法…1900年 社会主義運動・労働運動の弾圧

問6 立憲政友会…**伊藤博文**は山県と異なって、政党を組織して立憲国家を発展さ
せようとした。こうして、1900年に**立憲政友会**が結成された。

---

5 **問1** ア（治安警察法制定）…下線部①は立憲政友会成立の1900年を指す。
治安警察法の制定も同じ1900年。軍部大臣現役武官制も北清事変も1900年。
問2 幸徳秋水…この史料は**幸徳秋水**の「**自由党を祭る文**」（『万朝報』）。立憲政友
会に加わった旧自由党系を批判した。幸徳は日露戦争の時に非戦論を展開した。
問3 オ（憲政党）…立憲政友会は、旧自由党系の**憲政党**に伊藤系官僚が加わって
結成された。もちろん、これは分裂後の憲政党である。

---

6 **問1** ①…1906年に**南満州鉄道株式会社**が設立された。同年、国内では鉄道
国有法が成立した。ともに第1次西園寺公望内閣の政策。
問2 ④（戊申詔書）…**戊申詔書**は国民道徳の強化をねらったもので、節約と勤勉、
皇室の尊重が強調された。この戊申詔書を具体化したものが、**地方改良運動**であっ
た。
問3 ②（工場法の公布）…第2次桂太郎内閣は大逆事件で社会主義者らを弾圧す
る一方、工場労働者を保護するために**工場法**を公布した。

1 問1 ④ 問2 ④ 問3 ⑤ 問4 ① 問5 ③ 問6 ②
問7 ③
2 ア 中村正直 イ 中江兆民 ウ 徳富蘇峰 エ 陸羯南
オ 伊沢修二 カ 川上音二郎 キ 新劇 問1 平民主義
問2 日本人 問3 滝廉太郎 問4 （9代目）市川団十郎
3 問1 ③ 問2 ⑤ 問3 ② 問4 ①
4 問1 フルベッキ 問2 ボアソナード 問3 モッセ
問4 本木昌造 問5 明六雑誌 問6 万朝報

解説

1 問1 ④（豊田佐吉）…**豊田佐吉**の考案した**国産力織機**がその後の綿織物業の発展を支えた。

問2 ④（池貝鉄工所）…工作機械の分野では，**池貝鉄工所**（池貝庄太郎）が先進国なみの精度をもった池貝式標準旋盤を完成させた。

問3 ⑤…幕末以来，一時衰えていた綿織物業の回復が，綿糸を供給する紡績業の発展の土台となった。①-大阪紡績会社は，1万錘紡績を実現した。②-日清戦争の影響で，中国や朝鮮の市場が拡大して輸出は増大した。③-綿糸の生産量でなく，綿糸の輸出量が輸入量をうわまわった。④-ガラ紡でなく**リング紡績機**などによる綿糸生産が急増した。

問4 ①-羽二重は北陸地方で生産された絹織物で，輸出向け商品であった。②-輸入機械に学んだのは座繰製糸でなく**器械製糸**。③-幕末の輸出割合は，全体の約80％近くが生糸であった。④-日清戦争前から，生糸の方が綿糸より割合が高かった。⑤-アメリカでなく，清国をぬいて世界一の輸出国となった。

> ☞ **私大標準よく出るポイント** ▶▶ **紡績業と製糸業の発展の画期**
>
> 紡績業…①1890年 国内綿糸生産量が輸入量をうわまわった
> 　　　　②1897年 綿糸の輸出量が輸入量をうわまわった
> 製糸業…1894年 器械製糸の生産量が座繰製糸をうわまわった

問5 ③…日本は借款の見返りとして，大冶鉄山の鉄鉱石を安価に入手できた。①-八幡製鉄所は工部省でなく農商務省が所管。②-イギリスでなくドイツの技術。④-八幡製鉄所はわが国初の近代的銑鋼一貫工場で，国内生産の約80％を占めた。⑤-日清戦争の賠償金があてられた。

問6 ②…工場法は内容が不十分で，資本家の反対で施行も遅れた。①-日本最初は日本社会党でなく**社会民主党**。③-社会主義研究会でなく**労働組合期成会**を発足させた。④-工場労働者の6割を占めた繊維産業で，88％が女性であった。⑤-第2次西園寺内閣でなく第2次桂内閣が制定。

問7 ③（横山源之助―『日本之下層社会』）…**横山源之助**は都市の下層社会や労働者の状態を調べ，『**日本之下層社会**』としてまとめた。①-『女工哀史』は細井

和喜蔵の著。②-『職工事情』は農商務省の編。④-『大菩薩峠』は中里介山，⑤-『あゝ野麦峠』は山本茂実の著。

2 ア＝中村正直…スマイルズ『西国立志編』やミル『自由之理』を刊行した。
　　イ＝中江兆民…『民約訳解』はルソー『社会契約論』の漢文調の抄訳である。
ウ＝徳富蘇峰…雑誌『国民之友』を創刊して政府の欧化政策を批判した。
エ＝陸羯南…新聞『日本』を創刊して国民主義を唱えた。

👆 **私大標準よく出るポイント** 》》 **明治期思想界の動向**

平民主義…平民的欧化主義　**徳富蘇峰**『**将来之日本**』　雑誌『**国民之友**』
国粋保存主義…**三宅雪嶺**『**真善美日本人**』　雑誌『**日本人**』（政教社）
国民主義…**陸羯南**『**近時政論考**』　新聞『**日本**』
日本主義…高山樗牛『滝口入道』　雑誌『太陽』

オ＝伊沢修二…東京音楽学校の初代校長。小学唱歌を小学教育に採用した。
カ＝川上音二郎…時事風刺の演歌オッペケペー節で有名になった。
キ＝新劇…歌舞伎や新派劇に対する近代劇で，シェークスピアなどを上演した。
問1　平民主義…徳富蘇峰は**平民主義**を唱えた。
問2　日本人…三宅雪嶺らが政教社を設立し，雑誌『**日本人**』を発行した。
問3　滝廉太郎…近代西洋の作曲技法を用いた初めての本格的作曲家。
問4　（9代目）市川団十郎…明治期劇界の第一人者。演劇改良運動の中心人物。

3 問1　③（『経国美談』―矢野竜渓）…矢野竜〔龍〕渓『経国美談』である。矢野龍渓（文雄）は立憲改進党員。ほかの政治小説も重要。東海散士『佳人之奇遇』，末広鉄腸『雪中梅』である。
問2　⑤（坪内逍遥）…**坪内逍遥**は評論『**小説神髄**』で写実主義を主張した。
問3　②…雑誌『**明星**』は自然主義でなくロマン主義文学。
問4　①（『自然と人生』）…空欄（　2　）は徳冨蘆花が入る。蘆花は随筆風の『自然と人生』を書いた。

4 問1　フルベッキ…幕末に来日，長崎で大隈重信・副島種臣らに英語を教える。明治政府の顧問になり，岩倉使節団〔岩倉遣外使節〕を提案した。
問2　ボアソナード…刑法と治罪法（刑事訴訟法）のほか民法も起草したが，**民法典論争**などがおこって，民法は施行されなかった。
問3　モッセ…明治政府の法律顧問として来日，地方制度の創設に寄与した。
問4　本木昌造…**鉛製活字**の量産に成功し，近代活版印刷の発展に寄与した。
問5　明六雑誌…森有礼・福沢諭吉らの**明六社の機関誌**。新聞紙条例・讒謗律のため廃刊。
問6　万朝報…一時は**幸徳秋水**や**内村鑑三**の日露戦争反対の論説を掲載した。

1 問1 ① 問2 ④ 問3 ② 問4 ③ 問5 ①
　 問6 ② 問7 ③ 問8 ④ 問9 ⑤
2 問1 イ 問2 エ 問3 ウ
　 問4 三十一万五千（噸）〔31万5000（トン）〕 問5 イ
3 問1 ③ 問2 ① 問3 ① 問4 ① 問5 ① 問6 ③
　 問7 ②

解説 **1** 問1 ①（上原勇作）…2個師団増設をめぐって，上原勇作陸相は，天皇に単独で辞表を提出した。陸軍が陸相の後任を出さなかったため，第2次西園寺公望内閣は総辞職を余儀なくされた。

問2 ④（第2次西園寺内閣・第3次桂内閣）…当時は桂園時代。桂→西園寺の順に組閣したので①～③は誤り。また，第2次桂内閣は明治末期の内閣なので⑤も誤り。第2次西園寺公望内閣の次は，第3次桂太郎内閣が成立した。

問3 ②（立憲同志会）…立憲政友会の尾崎行雄や立憲国民党の犬養毅を中心とした第一次護憲運動に対して，立憲同志会を組織して対抗しようとした。

問4 ③…寺内正毅内閣は軍隊を出動させて米騒動を鎮圧したが，戒厳令は布告していない。

👆 **私大標準よく出るポイント** ▶ **戦争時以外で戒厳令を布告した事項**
① 日比谷焼打ち事件　② 関東大震災　③ 二・二六事件 の3回

問5 ①…袁世凱が急死した後，後継者の段祺瑞政権に西原借款を与えた。②−山東出兵は，田中義一内閣が蒋介石の北伐に対して3回行った。③−第2次大隈重信内閣の政策。④−寺内内閣の外相は本野一郎，次いで後藤新平が就任し，シベリア出兵を推進した。ソ連との国交樹立は，第1次加藤高明内閣の時に幣原喜重郎外相が実現させた。

問6 ②…三・一独立運動がおこったことを受け，原内閣は武断政治から文化政治へ転換した。陸海軍の大将に限られていた朝鮮総督の資格を文官にまで拡大した。

問7 ③…幣原喜重郎は，護憲三派内閣（第1次加藤高明内閣）で初めて外相となり，幣原外交を展開した。その1つが日ソ基本条約の締結である。

問8 ④…アメリカ大統領クーリッジが提唱したジュネーヴ（海軍）軍縮会議は，英米の対立で決裂した。補助艦の保有量制限はロンドン海軍軍縮条約で実現した。①−ワシントン海軍軍縮条約は，すべての種類でなく主力艦の保有量の制限であった。②・③−宇垣一成陸相と山梨半造陸相が反対である。

問9 ⑤…アー虎の門事件で第2次山本権兵衛内閣が倒れたのは，1923年。イ−護憲三派内閣の成立は，1924年。ウ−ワシントン会議の首席全権加藤友三郎が組閣したのは1922年。したがって，ウ−ア−イの順である。

2 問1　**イ**…史料は，大隈重信首相邸で開かれた閣議での**加藤高明外相**の発言。日本が第一次世界大戦に参戦する根拠の１つは，**日英同盟協約**であった。

問2　**エ**（第２次大隈内閣）…内閣は第２次大隈重信内閣である。史料から，第一次世界大戦に参戦することがテーマになっていることがわかれば，解答できる。

問3　**ウ**（膠州湾）…ドイツの根拠地とあるから，**山東半島**（山東省）が考えられるであろう。山東半島にあるのが，青島と**膠州湾**である。

問4　**三十一万五千**（噸）〔31万5000（トン）〕…史料は第四条に「各締約国ノ主力艦合計代換噸数」とあるので，**ワシントン海軍軍縮条約**とわかるであろう。主力艦の保有量の総トン数の比率は，**米5：英5：日3：仏1.67：伊1.67**であった。したがって，三十一万五千噸〔31万5000トン〕となる。

問5　**イ**（加藤友三郎）…**加藤友三郎**海相はワシントン会議の首席全権であった。ほかの全権は徳川家達（貴族院議長）と幣原喜重郎（駐米大使）であった。

👉 **私大標準よく出るポイント** ▶▶ 国際会議での首席全権の確認

パリ講和会議…1919年　**西園寺公望**（首席）　内閣：原敬
ワシントン会議…1921〜22年　**加藤友三郎**（首席）　内閣：高橋是清
ジュネーヴ（海軍）軍縮会議…1927年　斎藤実（首席）　内閣：田中義一
ロンドン海軍軍縮会議…1930年　**若槻礼次郎**（首席）　内閣：浜口雄幸

---

3 問1　③…第一次世界大戦が終了すると，好景気から一転，1920年から**戦後恐慌**の不況に突入した。関東大震災以前に経済は不況に入っていた。

問2　①…自家用乗用車〔マイカー〕は，高度経済成長期に一般家庭に広がった。少なくとも，戦後の時期だと判断できるであろう。②・③—**俸給生活者**〔サラリーマン〕や職業婦人の社会進出は，この時代の特徴である。④—私鉄の経営するターミナルデパートがあらわれた点にも注意。阪急電鉄の小林一三がターミナル（大阪梅田駅）に直営の阪急百貨店を設けた。

問3　①…X—吉野作造は，休職処分にはなっていない。Y—吉野の民本主義は，国民主権という意味の民主主義とは一線を画していた。正文。Z—正文である。

問4　①…**新婦人協会**は平塚らいてう・**市川房枝**らによって結成された。山川菊栄は，伊藤野枝と社会主義の立場から赤瀾会を結成した。

問5　①（芸術座）…島村抱月は明治期には文芸協会，大正期には**芸術座**を組織。

問6　③（梅原龍三郎）…**梅原龍三郎**はルノアールに学んだ洋画家。①土方与志は演出家，②下村観山と④安田靫彦は日本画家。

問7　②（1925年）…ラジオ放送開始の年は，入試では頻出事項。

1 問a　3　問b　2　問c　2　問d　2

2 問1　エ　問2　特高　問3　小林多喜二　問4　転向

3 問1　4　問2　2　問3　2　問4　2　問5　2

　　問6　4　問7　1

4 問1　①　問2　①　問3　④　問4　③

解説

1 問a　3（1923年）…関東大震災は1923年（大正12）9月1日におこった。地震の強さは最大震度7，規模は M 7.9。死者10万人を数えた。

問b　2（片岡直温）…金融恐慌の契機は，**片岡直温**蔵相の失言であった。

問c　2（台湾銀行）…最初は銀行の取付け騒ぎであったが，鈴木商店が倒産し，これに巨額の融資を行っていた**台湾銀行**も経営危機に陥って，パニックが広がった。

問d　2（3週間）…**高橋是清**蔵相は**3週間**のモラトリアムを発して，この混乱を収拾した。関東大震災の時の30日間のモラトリアムと混同しないこと。

2 問1　エ…この史料は**改正治安維持法**である。史料中に「**死刑又ハ無期**」の文字があるので，護憲三派内閣でなく田中義一内閣による改正のほうだとわかる。したがって，改正した年は1928年である。ア−無産政党から8名の当選者が出た選挙，イ−三・一五事件，ウ−第2次山東出兵による軍事衝突で，すべて1928年。エ−**五・一五事件**なので，1932年である。

問2　特高…**特別高等課**〔**特別高等警察**〕を全国の警察に設置した。最初は第2次桂太郎内閣が，大逆事件の後に東京警視庁に設置した。

問3　小林多喜二…『蟹工船』の作者は**小林多喜二**。三・一五事件で検挙された党員たちの拷問の様子は，多喜二の『一九二八年三月十五日』に描かれている。

問4　転向…とくに有名なのが佐野学と鍋山貞親らによる**転向声明**で，彼らは獄中から声明を出し，天皇制や満州事変を支持した。

3 （難）問1　4…X−第一次世界大戦中の1917年，寺内正毅内閣は金輸出を禁止して，金本位制を停止した。1920年代に入ってからではない。Y−浜口雄幸内閣は，長い不況の打開策として財界からの要請もあって，1930年1月に金解禁を**旧平価**で実施した。平価は外国通貨との交換比率（金を尺度とする）であり，旧平価は**100円＝49.85ドル**を指す。当時の為替相場の実勢は100円＝46ドル前後であったから，旧平価で解禁することは円安でなく円高となった。

（指マーク）私大標準よく出るポイント　　恐慌と経済政策のまとめ

震災恐慌…1923年　井上準之助蔵相（②山本内閣）→30日間のモラトリアム

金融恐慌…1927年　片岡直温蔵相（①若槻内閣）→国会での失言　台湾銀行休業

…1927年 高橋是清蔵相（田中内閣）→21日間のモラトリアム

金解禁…1930年 井上準之助蔵相（浜口内閣）→旧平価で解禁

問2 2（70%）…ロンドン海軍軍縮条約での補助艦の保有総トン数の比率は，米：英：日＝10：10：6.97であったので，アメリカに対しては約70％であった。

問3 2…浜口雄幸内閣の基本政策は，金解禁，財政緊縮，産業合理化の**三大政策**であった。X-産業合理化は不健全な企業を整理して経営の能率化を図る政策であるので，正文である。Y-産業合理化は生産費をおさえる経済政策なので，労働条件が著しく改善されるわけではない。

[難] **問4** 2…世界恐慌と旧平価解禁による円高で輸出が減少した。1-政府は**重要産業統制法**を公布して，紡績・鉄鋼・製紙・セメントなどの産業で不況カルテルの結成を容認した。3-金輸出再禁止を予想した三井・三菱などの財閥は円でなくドルを大量に買った。この行為を**ドル買い**という。4-井上準之助は次の若槻礼次郎内閣でも蔵相を続けたが，緊縮財政政策も金解禁も見直していない。

問5 2…X-犬養毅内閣（高橋是清蔵相）は直ちに金輸出再禁止を断行した。Y-犬養内閣は立憲政友会内閣である。

問6 4…高橋是清蔵相は景気回復策として赤字国債の大量発行を行った。つまり，不況克服のために**財政膨張策**をとった。

> 👆 **私大標準よく出るポイント** 　**昭和恐慌からの脱却の政策**
>
> ①金輸出再禁止…金本位制を離れて**管理通貨制度**に移行した
> ②低為替政策…為替相場の**円安を利用**して輸出を増大させた
> ③財政膨張策…赤字国債を大量発行し，**軍事費と時局匡救費**（農村救済のための公共事業）にあてた

問7 1…X-低為替政策により綿織物の輸出はイギリスをぬいて世界第1位となった。正文である。Y-軍需などに支えられて重化学工業がめざましく発達し，1938年には工業生産額全体の半分以上となった。正文である。

4 [難] **問1** ①…満州とは奉天省（遼寧省）・吉林省・黒龍江省の三省をいう。河北省でなく黒龍江省が正しい。

問2 ①…浜口首相狙撃事件1930年→三月事件1931年3月→十月事件1931年10月→血盟団事件1932年2～3月→五・一五事件1932年5月である。

問3 ④…日産コンツェルンは大河内正敏でなく鮎川義介が結成したもの。

問4 ③…皇道派と統制派が反対である。二・二六事件をおこしたのは皇道派。

1 問1　1937（年）　問2　⑤　問3　企画院　問4　国民徴用令
　　問5　③　問6　鮎川義介　問7　切符制　　問8　③
2 問1　オ　問2　ウ
3 問1　③　問2　②　問3　⑤　問4　②　問5　⑤
　　問6　①　問7　③　問8　④　問9　③　問10　①

解説 **1** 問1　1937（年）…日中戦争が始まった年である。
　　　　問2　⑤（盧溝橋事件）…7月7日の夜，日中両軍は北京郊外の**盧溝**
橋で衝突した。
問3　企画院…「物資動員計画を立案」がキー・ワードになる。**国家総動員法**もこ
こで作成された。
問4　国民徴用令…「国民を強制的に就労させる」がキー・ワードになる。平沼騏
一郎内閣の時に，国家総動員法に基づく**勅令**で出された。
問5　③…a-**汪兆銘**の新国民政府は1940年，b-第2次国共合作は1937年9月，c-
日本軍による南京占領は1937年12月，d-東亜新秩序建設の声明は1938年である。
よって，③のb→c→d→aとなる。
問6　鮎川義介…日産コンツェルンや満州重工業開発会社を設立したのは鮎川義
介。

👆 **私大標準よく出るポイント** ▶ **新興財閥の創立者**

日産…鮎川義介	日窒…野口遵	日曹…中野友礼
理研…大河内正敏	森…森矗昶	

問7　切符制…1940年から**砂糖・マッチの切符制**が始まった。各世帯に人数に応
じた切符をあらかじめ交付しておき，それと引き換えに物資を渡すものであり，
いわば切符制度による配給の方法。
問8　③…X-これは美濃部達吉でなく矢内原忠雄である。Y-これは第2次人民戦
線事件のことで正文である。

2 問1　オ…この史料は**国家総動員法**である。史料中に何回も「国家総動員」の
　　　　語句があるのでわかる。この法は1938年に公布されたので，それ以前の項目は，
1936年に広田弘毅内閣が結んだ日独防共協定しかない。
問2　ウ（勅令）…この国家総動員法は，労働力や物資の統制を議会の審議を経ず
に**勅令**でできる。とくに以下の3つの勅令が重要である（次ページ参照）。

3 問1　③（松岡洋右）…この史料は**日独伊三国同盟**で，外務大臣は**松岡洋右**。

問2　②…X－ドイツのポーランド侵攻によって第二次世界大戦が勃発した。正文。Y－イタリアでなくドイツ。ドイツは独ソ不可侵条約を破ってソ連を奇襲攻撃。

問3　⑤（A＝汪兆銘　B＝南京）…**汪兆銘**は日中戦争激化の中で，日本軍の画策にのって重慶から脱出し，1940年，南京に新国民政府を樹立した。

問4　②（アメリカ）…下線部［4］にある「現ニ欧州戦争又ハ日支紛争ニ参入シ居ラサル一国」とは**アメリカ**である。この条約で仮想敵国とされた。

問5　⑤（東条英機）…太平洋戦争の勃発は1941年12月8日，**東条英機**内閣の時。

難　問6　①…X－**勤労動員**といって，学生・生徒を軍需工場などで働かせた。また，女子挺身隊に編制した女性も軍需工場などで働かせた。正文である。Y－国内の労働力不足のため，同様に朝鮮人や中国人を日本本土などに強制連行し，鉱山や土木工事現場などで，過酷・劣悪な条件下で労働させた。正文である。

難　問7　③…**食糧管理法**は1942年，東条英機内閣の時に制定され，主要な食糧の供出制や配給制が確立した。しかし，米の統制はもっと早く，1939年米穀配給統制法が制定され，1940年から米の**供出制**が，1941年から**配給制**が実施された。

問8　④…X－大東亜共栄圏には南太平洋地域，すなわちオーストラリア・ニュージーランド・インドなどを含む広大な地域が考えられていた。Y－アメリカの対日石油輸出の禁止は北部仏印進駐でなく**南部仏印進駐**が契機であった。

問9　③（サイパン島）…東条内閣は戦局が悪化する中で，大東亜共栄圏の中核部を維持しようとして「絶対国防圏」なる地域を設定した。1944年にサイパン島が陥落すると，日本全土がB29の爆撃圏内に入り，アメリカ軍による本土への空襲が本格化した。こうして，「絶対国防圏」の一角が崩壊した。

👆 私大標準よく出るポイント ≫≫ 太平洋戦争時内閣の辞職の契機

東条英機内閣…1944年7月　サイパン島の陥落
小磯国昭内閣…1945年4月　アメリカ軍の沖縄本島上陸
鈴木貫太郎内閣…1945年8月　広島・長崎への原子爆弾投下

難　問10　①…X－本土爆撃は軍需工場や港湾から都市爆撃（焼夷弾で無差別爆撃）にかわり，東京大空襲では，一晩で死者10万人，負傷者13万人以上を出した。正文。Y－サイパン島が陥落した1944年7月前後から，縁故疎開だけでなく学童の集団疎開も行われた。正文。

24　昭和時代　戦後1

問題：本冊 p.90

1	問1	③	問2	②	問3	④	問4	②
2	問1	④	問2	⑥				
3	問1	②	問2	①	問3	③		
4	問1	④	問2	①	問3	③	問4 IMF　問5 ② 問6 ③	

解説

1 問1　③…正文である。「中間指令」を出すことができた。①-ドイツは直接統治，日本は**間接統治**であった。②-極東委員会はワシントンに置かれた。④-法律の制定を待たずに勅令（**ポツダム勅令**）によって実施された。⑤-対日理事会はアメリカ・イギリス・ソ連の他にフランスでなく中国の代表で構成された。

問2　②…吉田内閣の時に**独占禁止法**が制定され，公正取引委員会が設置された。①-財閥の資産を凍結し，解体を指令した。③-労働契約法でなく労働関係調整法。また，労働基本法でなく労働基準法。④-第2次農地改革で都府県1町歩（北海道4町歩）の小作地の保有を認めたので，全小作地の強制買い上げではない。

> 👆 **私大標準よく出るポイント** ▶ **第1次と第2次の農地改革の比較**
>
> 第1次農地改革…①在村地主は小作地を**5町歩まで承認**　②譲渡は地主・小作農間の協議売買　③農地委員会の構成は**地主5：自作農5：小作農5人**　④**この案は実施されず**
>
> 第2次農地改革…①在村地主は小作地を**都府県1町歩（北海道4町歩）まで承認**　②**譲渡は国家が強制買収し安価で小作に売却**　③農地委員会の構成は**地主3：自作農2：小作農5人**　④**実施された**

問3　④…**大日本帝国憲法を改正する形式をとった。**①-GHQは東久邇宮内閣でなく**幣原喜重郎内閣**に憲法改正を指示した。②-憲法問題調査委員会の作成した改正試案は，天皇の統治権を認める保守的なものだった。③-保守的なものだったために，GHQは憲法問題調査委員会の改正試案を拒否した。⑤-**1947年5月3日は公布でなく施行。**

問4　②… i —1945年，ii —1947年，iii —1946年，よって② i — iii — ii。

2 問1　④（石炭—鉄鋼）…傾斜生産方式は東大教授有沢広巳の発案で，**石炭と鉄鋼**の生産拡大に重点を置いた。

問2　⑥…Ⅰ-ドッジ＝ラインは1949年，Ⅱ-経済安定九原則の指令は1948年，Ⅲ-金融緊急措置令の実施は1946年なので，⑥Ⅲ→Ⅱ→Ⅰが正解である。

> 👆 **私大標準よく出るポイント** ▶ **戦後のインフレ対策**
>
> ①金融緊急措置令…1946年 幣原内閣→**新円切り換えと預金封鎖**

②傾斜生産方式…1947年 第1次吉田内閣→**石炭業**と**鉄鋼業**に重点
③復興金融金庫…1947年 第1次吉田内閣→基幹産業に巨額融資→復金インフレ
④経済安定九原則…1948年 第2次吉田内閣→GHQによる**インフレ収束**の指令
⑤ドッジ=ライン…1949年 第3次吉田内閣→**超均衡予算 単一為替レート**
　　の設定

3 問1　②（澎湖諸島）…史料は**サンフランシスコ平和条約**である。この条約に
　　よって，日本は朝鮮の独立を承認し，台湾，澎湖諸島，国際連盟委任統治下に
　　あった太平洋諸島などの権利・権原・請求権を放棄した。

問2　①…ソ連軍は参戦していない。ソ連は，北朝鮮や中国に武器弾薬などの支援
　　物資を提供した。

問3　③…X-日本民主党でなく自由民主党の岸信介内閣。Y-日米行政協定は，安
　　保条約の調印と同時ではなく翌年に調印された。Z-新安保条約は衆議院を通過
　　したが，参議院の承認を得ないまま**自然成立**した。発効後に岸内閣は総辞職した。
　　正文。よって，③が正しい。

4 **難** 問1　④…BC級戦犯容疑者は5700人余りが起訴され，984人が死刑となっ
　　　た。①-「平和に対する罪」に問われたA級戦犯に対し，ワシントンでなく
　　東京で裁判が行われた。いわゆる「**東京裁判**」である。②-A級戦犯容疑者のう
　　ち**東条英機・広田弘毅**ら7人が絞首刑となり，1948年に刑が執行された。岸信
　　介はA級戦犯容疑者として逮捕されたが，釈放された。③-捕虜虐待などの罪に
　　問われたBC級戦犯容疑者は，東京でなく**横浜やアジア各地に設置された裁判所**
　　で裁判を受けた。

問2　①…ア-1945年に労働組合法が制定。翌年に**日本労働組合総同盟**や**全日本産
　　業別労働組合会議**が結成された。正文。イ-吉田茂内閣打倒のゼネストを**二・一
　　ゼネスト計画**という。1月31日にGHQの禁止指令が出て中止。正文。

問3　③（中華民国）…毛沢東の中華人民共和国とともに招請されなかった。

👆 **私大標準よく出るポイント** ≫≫ **サンフランシスコ講和会議の出席**

招かれたが出席しなかった国…**インド・ビルマ（ミャンマー）・ユーゴスラビア**
出席したが調印しなかった国…**ソ連・ポーランド・チェコスロバキア**

問4　IMF…日本は独立後の1952年に加盟した。

問5　②…（血の）メーデー事件を契機に**破壊活動防止法**が制定された。①MSA
　　協定の結果，**自衛隊**が創設された。③教育委員は1956年に公布された**新教育委
　　員会法**によって任命制に変更された。④1948年の**国家公務員法改正**の後に1949
　　年**三鷹事件**や**松川事件**がおきた。

問6　③…ソ連がサンフランシスコ平和条約に調印しなかったため，鳩山首相が日
　　ソ共同宣言に調印して国交を正常化した。

1	問1	③	問2	④	問3	①	問4	①
2	問1	⑤	問2	③				
3	問1	⑤	問2	②				

解説　**1**　**問1**　③…高度経済成長期は1955年から1973年までである。この間，**神武景気→岩戸景気→いざなぎ景気**と続き，経済成長率が**年平均10%をこえる経済成長**を達成した。

> 👆 **私大標準よく出るポイント** 》 **高度経済成長の時期を内閣でおさえる**
>
> 神武景気…1955～57年 中心は鳩山内閣
> 岩戸景気…1958～61年 中心は岸・池田内閣
> いざなぎ景気…1966～70年 中心は佐藤内閣

問2　④（石炭）…石炭業は戦後の傾斜生産方式の政策で重点産業となった。重化学工業の発展に伴って，エネルギー源は**石炭から石油**にかわっていった。

問3　①（池田勇人）…「所得倍増のスローガン」がヒント。池田勇人首相は1960年に**国民所得倍増計画**を発表し，10年後の1970年までに国民総生産（GNP）と国民所得を2倍にさせるとした。

問4　①…日本経済は円安の固定相場や安価な石油輸入によって輸出が増大し，貿易黒字となった。欧米諸国が貿易・為替の制限撤廃を要求してきたので，政府は1960年，**貿易・為替自由化（計画）大綱**を発表した。そして，日本は1964年に**IMF8条国**に移行した。これは国際収支の悪化を理由に為替管理（貿易の量的規制のこと）が行えない国に移行したことになる。②–1949年当時の為替レートは1ドル240円でなく360円。③–為替相場が自由に変動する体制は1960年代後半でなく1973年から。④–日本はIMF8条国移行と同じ1964年に**OECD〔経済協力開発機構〕**に加盟した。OECDへの加盟によって**資本の自由化**が義務づけられ，日本経済は**開放経済体制**に移行した。この時期，資本の自由化が進んだ。

> 👆 **私大標準よく出るポイント** 》 **貿易の自由化の意味**
>
> IMF8条国に移行…為替管理が行えない国に移行
> 　　　　　　　　→これを「為替の自由化が義務づけられた」という
> OECDへの加盟…先進国の一員として国際経済社会の仲間入りができた
> 　　　　　　　　他方で，**資本の自由化が義務づけられた**

2　**問1**　⑤…ⅰ–田中角栄が首相に就任したのは1972年。ⅱ–**第4次中東戦争**が勃発したのは1973年。ⅲ–ニクソン大統領が**金とドルの交換停止**を発表したのは1971年。よって，⑤ⅲ—ⅰ—ⅱである。

1971年 **ドル＝ショック**（金とドルの交換停止）→スミソニアン協定で１ド
ル308円に切り上げられた。→ 1973年に**変動為替相場制**に移行
1972年 田中首相が**日中共同声明**に調印　**日中国交正常化**を実現
1973年 **第４次中東戦争**が勃発　**→第１次石油危機**
1974年 戦後初の**マイナス経済成長**を記録　高度経済成長は終わり

難 問2　③…高度経済成長は終わり，**安定成長の時代**に入ると，**減量経営**の経営手法
がとられた。その結果，人員を削減し，ME技術を駆使して工場やオフィスの自
動化が進められた。①-対米貿易赤字でなく黒字が拡大して**貿易摩擦**が激化した。
②-確かに「減量経営」が進められたが，労働組合も労使協調路線をとった。④-
鉄鋼・機械・造船などの重化学工業（これを**重厚長大型産業**という）からコンピュー
タや情報通信などの分野（これを**軽薄短小型産業**という）へと産業構造の転換が
行われた。

**5
章**

**現
代**

3 **難** 問1　⑤…**日中平和友好条約**が締結されたのは，1978年**福田赳夫**内閣の
時である。残りの①～④は正文である。

①**日米経済摩擦**…米は自動車など輸出自主規制，**農産物の輸入自由化**をせまる
②**ODA（政府開発援助）**…1980年代に世界最大規模　1989年に世界第１位
③**プラザ合意**…1985年 **ドル高是正**のための合意　→ 1986年 円高不況

難 問2　②…a-周辺事態法〔周辺事態安全確保法〕の成立は1999年（小渕恵三内閣），
b-PKO協力法の成立は1992年（宮沢喜一内閣），c-社会党の自衛隊容認は1994
年（村山富市内閣），d-日米安保共同宣言は1996年（橋本龍太郎内閣），よって
②b→c→d→aである。

①1992年 **PKO協力法**　→**自衛隊をカンボジアに派遣**
②1993年 非自民８党派の連立政権（首相は日本新党**細川護熙**）→**55年体制
の崩壊**
③1996年 日米安保共同宣言→「極東」から「アジア・太平洋」地域へ広げた
④1997年 **京都議定書**，大手金融機関（北海道拓殖銀行・山一証券）の経営破
綻
⑤1999年 **新ガイドライン関連法**（周辺事態安全確保法など3法），**国旗・国歌法**

メモ